本书是福建省本科教育教学改革一般项目（FBJG20180214）、
教育教学改革项目《校地协同优秀中学地理教学案例库建设》研究成果，
本书也得到了李子蓉名师工作室、海丝地理人工作室的大力支持，在此表示感谢。

微 导 图 　 微 地 理

主　编：苏子午　杨诗源

中国原子能出版社

China Atomic Energy Press

图书在版编目（CIP）数据

微导图 微地理/苏子午，杨诗源主编. —— 北京：
中国原子能出版社，2020.9（2022年1月重印）
ISBN 978-7-5221-0833-9

Ⅰ.①微… Ⅱ.①苏… ②杨… Ⅲ.①中学地理课 –
高中 – 升学参考资料 Ⅳ.①G634.553

中国版本图书馆CIP数据核字（2020）第172046号

内容简介

《微导图 微地理》本书内容是高三地理知识思维模板，针对高三复习二轮。本书突出基础性、针对性、实用性，努力体现总结提升与精准练习结合的学习方式和教学原则，既便于学生的自主学习，又便于教师的课堂使用，对教与学都具有较强的指导意义。本资料有以下特点：1. 思维导图呈现，充分运用发散思维、逻辑思维，形成知识体系和框架。注重概念清晰化、知识系统化、记忆灵活化、问题具体化。2. 强调学习过程，具有较强的实用性。力求避免单纯的知识灌输，倡导对知识的主动探究、自主学习。3. 精选习题，求"精"、求"活"、求"新"，最后落脚于求"实"，力争每一道题目都符合学习实际，切合能力考查要求，具有较强的针对性。

微导图 微地理

出版发行　中国原子能出版社（北京市海淀区阜成路43号　100048）
责任编辑　高树超
装帧设计　河北优盛文化传播有限公司
责任校对　冯莲凤
责任印制　潘玉玲
印　　刷　定州启航印刷有限公司
开　　本　787 mm×1092 mm　1/16
印　　张　21.75
字　　数　250千字
版　　次　2020年9月第1版　　2022年1月第2次印刷
书　　号　ISBN 978-7-5221-0833-9
定　　价　78.00元

发行电话：010-68452845　　　　版权所有　　侵权必究

编委会

主编：

苏子午　杨诗源

副主编：

卢朝文　陈瑞美　唐　伟　黄湖南　鲍学林
张华海　林晓平　朱小波　郭惠彬

编委：

陈　庆　陈　肖　刘　颖　蔺德瑾　陈　伟
冯毓霞　赵劲梅　郑桂芳　郭奕坤　廖治平
袁海艳　余菁菁

前　言

　　高中是学生学习知识、奋力追梦的关键阶段，高考是学生实现名校梦想、成就美好未来的激烈赛场。每个高中生都有一个美丽的梦想，那就是敲开那扇魂牵梦萦的学府大门。每个学子从高一到高三，一路坎坷，一路拼搏，跨越一个个障碍。如何将知识和能力转化为高分，让梦想照进现实？

　　《微导图　微地理》立足于"生活处处有地理，地理处处有生活，从生活中来，到生活中去"的理念，通过思维导图方法论照亮学生的漫漫求学路。

　　近些年，全国卷高考地理试题的命制发生了根本变革，由传统的宏观大尺度命题向小区域命题转变，进行小切口、深挖掘，试题的难度加深、灵活度加大。试题以立德树人为核心，以地理学科关键能力的综合考查为主线，通过优选考试内容，精心创设问题情境，突出地理学科思维品质，实现高考地理试题的育人价值、选拔功能和引导教学的作用。

　　这无疑会对学生的观察能力、思维能力、创新能力等地理素养方面提出更高的要求，同时要求学生具备较强的社会观察力和竞争力，能够迅速适应当前瞬息万变的社会。面对新高考、新课标，如何将学生从繁重的学业负担中解放出来，从茫茫的题海中解放出来？

　　特精心编写了《微导图　微地理》，本书突出基础性、针对性、实用性，努力体现总结提升与精准练习相结合的学习方式和教学原则，既便于教师在课堂上使用，又便于学生自主学习，对教与学都具有较强的指导意义。

　　本书有以下特点。

　　（1）思维导图呈现，充分运用发散思维、逻辑思维，形成知识体系和框架。注重概念清晰化、知识系统化、记忆灵活化、问题具体化。

　　（2）强调学习过程，具有较强的实用性。力求避免单纯的知识灌输，倡导对知识的主动探究、自主学习。

　　（3）精选习题，求"精"、求"活"、求"新"，最后落脚于求"实"，力争每一道题目都符合学习实际，切合能力考查要求，具有较强的针对性。

　　（4）注重高考渗透，强调考点覆盖和高效训练，学有方向，练有目的。

　　由于编写时间紧、任务重，加上水平有限，不足之处在所难免，恳请广大师生提出宝贵意见。

目　录

微专题1　树干涂白

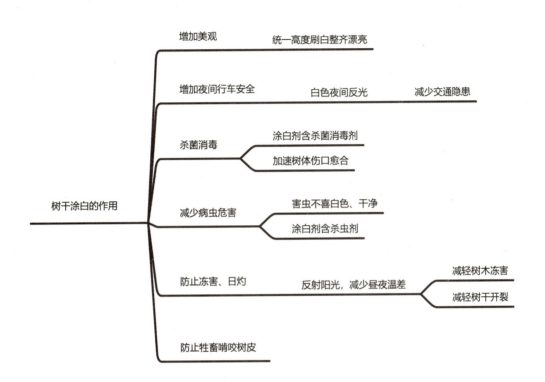

增加美观　　　　统一高度刷白整齐漂亮

增加夜间行车安全　　　白色夜间反光　　　减少交通隐患

杀菌消毒　　　涂白剂含杀菌消毒剂
　　　　　　　加速树体伤口愈合

树干涂白的作用

减少病虫危害　　　害虫不喜白色、干净
　　　　　　　　　涂白剂含杀虫剂

防止冻害、日灼　　　反射阳光，减少昼夜温差　　　减轻树木冻害
　　　　　　　　　　　　　　　　　　　　　　　　减轻树干开裂

防止牲畜啃咬树皮

【练习1】

阅读图文材料，回答下列问题。

树木涂白是指用涂白剂（主要成分是生石灰和硫黄）将树干部分涂成白色，是绿化植物养护管理的一项重要内容，主要目的是确保绿化植物减少冻裂，安全越冬。近日，某城市绿化部门对城区的树木进行了统一涂白，行道树树干刷白高度统一控制在离地面1.5米处，视觉上达到整齐划一的效果。

试利用热力作用原理解释树木涂白防冻裂的原因，并概括城区行道树涂白的其他作用。

【练习2】

初冬时节，北方的很多城市道路两侧的树木都被刷上白漆，就像穿了"白裙"，树木涂白是指用涂白剂（主要成分是生石灰和硫黄等）将树干涂成白色，一般涂刷至距地面1.1～1.5米的高度。完成下列小题。

（1）绿化部门对城区行道树涂白的目的是（　　）。
①吸收声波，消除噪声　　②杀菌、防虫，减少下一年病虫害的发生
③起到一定的美化作用　　④防冻害，避免早春霜害
A.②③④　　　　B.①②③　　　　C.①②④　　　D.①②③④
（2）关于树木涂白的作用原理，下列说法正确的是（　　）。
A.有效减少地面长波辐射，防止地面热量大量流失
B.使树干白天和夜间的温差不大，减少树皮开裂
C.使树木萌芽和开花提前，以躲过早春低温冻害
D.增加树木对阳光的吸收率，减少冻害发生的概率

参考答案

【练习1】

树木涂白防冻裂的原因：反射太阳辐射，减弱昼夜温差，防止树皮开裂。涂白的其他作用：杀菌、防止病菌感染；杀虫、防虫，减少下一年病虫害的发生；起到一定的美化作用。

【练习 2】

（1）行道树涂白剂的主要成分是生石灰和硫黄，可以起到杀菌、杀虫和防冻害的作用，从材料中可看出涂白可起到美化作用，因此②③④对，也就是 A 对；树木涂白不能吸收声波，消除噪音，①错，故 BCD 错。故选 A。

（2）树木涂白不会影响地面辐射，也不会影响气温，因此不会影响树木萌芽和开花时间，A 和 C 错；树木涂白可以反射阳光，减弱树干吸收太阳辐射，使树干白天和夜间的温差不大，减少树皮开裂，B 对，D 错。故选 B。

笔记（提取试题其他思维模板）

微专题 2 落叶

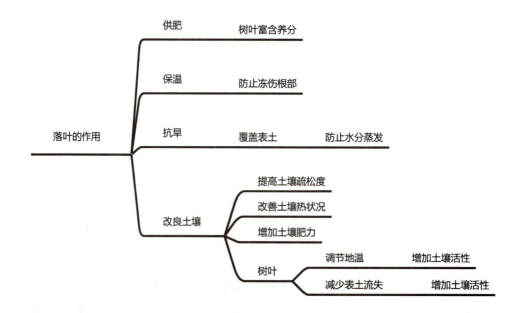

【练习 1】

阅读图文材料,回答下列问题。

可可树属热带作物。1847 年,英国人利用可可生产出第一块固体巧克力,此后欧洲和北美成为世界上最主要的可可加工地区。20 世纪 80 年代以来,印度尼西亚人采用可可树与椰子树间作种植模式,逐渐成为世界上重要的可可种植国和出口国,但可可加工业长期相对落后。2010 年,印度尼西亚开始对可可出口征收出口税,对本国可可产业带来深远影响。下图示意印度尼西亚苏拉威西岛位置和该岛某可可种植园椰树与可可树间作模式。

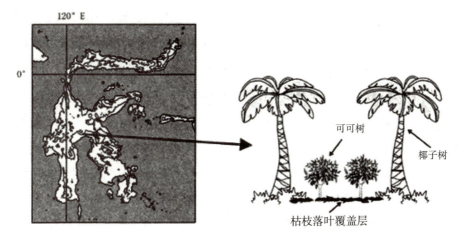

（1）依据苏拉威西岛的可可树种植环境，推测可可树生长喜好的气候条件。

（2）简述苏拉威西岛可可种植园枯枝落叶覆盖层的作用。

（3）分析印度尼西亚可可加工业落后于欧洲和北美的主要原因。

【练习2】

阅读材料，回答下列问题。

被誉为"中华水塔"的三江源区最重要的生态功能是涵养水源，涵养水源离不开植被的功能。高寒草甸生态环境系统是三江源区主要的生态系统之一，20世纪80年代，该区草地生态环境退化严重，退化的高寒草甸植被冠层、枯落物、覆盖度多个层次对水循环产生影响，进而重新分配降水资源，影响草地的水文生态环境。

简述退化的高寒草甸植被冠层、枯落物、覆盖度对水循环环节产生的影响。

参考答案

【练习1】

（1）苏拉威西岛纬度低，热量充足，可可树喜好高温；苏拉威西岛地处赤道多雨地带，降水丰富，可可树喜好湿润；赤道附近太阳高度角大，光照较强，椰树林为可可遮挡部分阳光，可可树喜好适当的荫蔽；地处赤道无风带，风力和缓，且有椰树林挡风，可可树喜好弱风。

（2）枯枝落叶覆盖层可以减少雨水对地表的冲刷，减少表土和养分的流失；降水较少的季节，枯枝落叶覆盖层可以减少土壤水分的蒸发；高温条件下，枯枝落叶的分解可以增加土壤养分。

（3）欧洲、北美经济发达，且居民喜爱可可制品，可可制品消费市场广阔（印度尼西亚远离欧洲、北美等主要可可制品消费市场）；欧洲、北美可可加工业技术领先，历史悠久（印度尼西亚可可加工业起步晚，产业基础和技术相对落后）。

【练习2】

草地生态退化，植被冠层减少，使植被截留大气降水功能减弱；枯落物数量减少，使地表水蒸发量加剧；使地表径流的流速加快；导致下渗量减少，减少了地下径流；植被覆盖度降低，蒸腾作用减弱；使地表径流速度加快。

笔记（提取试题其他思维模板）

微专题 3　森林生态效益

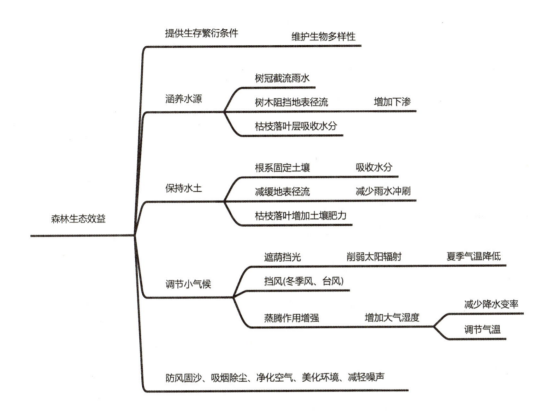

【练习 1】

据报道，2012 年夏季，俄罗斯受持续高温和干旱天气影响，森林大火迅速蔓延，过火面积达 2 000 平方千米，52 人死亡。

（1）简述森林的生态效益。

（2）森林火灾会对环境造成哪些影响?

【练习2】

2017年12月5日，河北省的塞罕坝林场建设者获得2017年联合国环保最高荣誉——"地球卫士奖"。

从地理环境各要素相互联系的角度说明森林的环境效益。

参考答案

【练习1】

（1）净化空气；防风固沙；调节气候；涵养水源；保持水土；保护生物多样性；等等。

（2）生态破坏；大气污染严重；大气能见度降低；影响气候变化；生物多样性减少；水土流失加剧；等等。

【练习2】

增加林区大气湿度（云量）；减小温差；减弱风速；森林的光合作用能消耗二氧化碳，释放氧气，维持碳氧平衡，减缓温室效应；净化空气、吸烟滞尘、美化环境（大气角度）。森林能截留雨水、根系固定土壤，保持水土；枯枝落叶能够为土壤提供有机质（土壤角度）。森林能够减缓地表径流（调节径流量），增加下渗、涵养水源；降低含沙量（水文角度）。维护生物多样性（生物角度）。

笔记（提取试题其他思维模板）

微专题 4　动物迁徙

考点 1　动物迁徙的原因

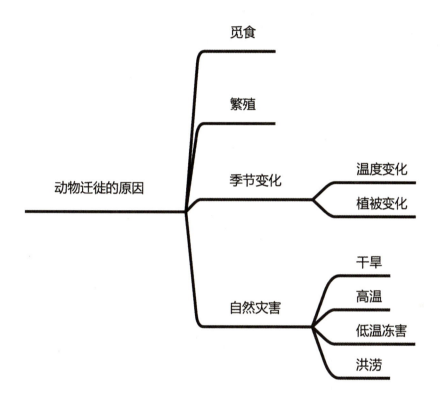

【练习 1】

阅读图文材料，回答下列问题。

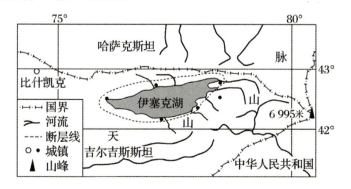

伊塞克湖水面海拔 1 600 余米，湖水清澈，味咸，终年不冻。由于地理位置特殊，成为候鸟迁徙、过冬、繁殖之地。1948 年建立了伊塞克湖野生动物保护区。分布在伊塞克湖湖盆区内东西两侧的平原低地是吉尔吉斯斯坦的重要产粮区和畜牧区。

（1）说说伊塞克湖冬季表层水温较高的原因。

（2）分析伊塞克湖成为候鸟越冬地的原因。

（3）简要说明每年秋季伊塞克湖流域内候鸟的两种不同迁徙方式。

（4）结合所学知识，提出伊塞克湖候鸟保护与农业协调发展的措施。

考点 2　动物迁徙途中数量减少的原因

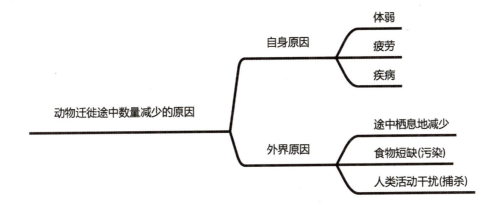

【练习 2】

阅读图文材料，回答下列问题。

欧洲白鹳是迁徙性鸟类，平日常在水域岸边或开阔的沼泽地上啄食水生生物，大多在 8 月中下旬至 9 月初迁离欧洲繁殖地，于 3—4 月离开南非越冬地返回，迁徙途中主要依靠上升的热气流进行高空滑翔。欧洲白鹳的分布范围曾经很广，种群数量也十分丰富，如今分布范围已大大缩小，种群数量也明显下降。下图为欧洲白鹳秋季迁徙路线示意图。

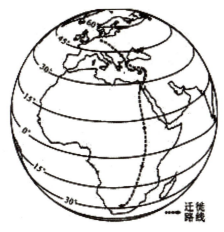

（1）欧洲白鹳多在每天 10:00—15:00 迁徙，分析其原因。

（2）欧洲白鹳沿图示迁徙路线依次经过的自然带有哪些？

（3）简述欧洲白鹳种群数量下降的原因。

（4）鉴于欧洲白鹳种群数量的下降，一些国家提出对其进行人工繁育。你是否赞同对欧洲白鹳进行人工繁育？请表明态度并说明理由。

参考答案

【练习1】

（1）周围山地环绕，阻挡冷空气进入；湖泊面积大，河流多，汇水较多，水量大，冬季降温慢。所以，湖泊冬季水温较高。

（2）湖泊终年不冻，周边气温适宜；河湖中鱼类等资源丰富，利于候鸟觅食；建立了保护区，为候鸟提供了安全的越冬场所；湖盆东西两侧为产粮区和畜牧区，能为候鸟提供充足的食物。

（3）在此繁殖的候鸟开始陆续向南迁徙，离开此地；从北方南下的候鸟部分准备在此越冬；部分南下的候鸟在此做短暂的休息，然后继续南下至目的地越冬。

（4）加大农业科技投入，提高粮食单位面积产量；使用低毒无害农药，实现农业生态化发展；利用候鸟作天敌，抑制害虫；保护湿地，为候鸟提供栖息地；在食物缺乏季节，适当人工投食，辅助喂养；农业作物收割时，适当遗留，补充候鸟越冬食物。

【练习2】

（1）一天中，10：00—15：00气温较高；空气对流旺盛；上升热气流利于白鹤高空滑翔。

（2）温带落叶阔叶林（温带混交林带）、亚热带常绿硬叶林带、热带荒漠带、热带草原带。

（3）气候变化；（农业大量施放农药和工业排放废弃物所造成的）环境污染；湿地减少，生态环境丧失和恶化；人类捕猎；等等。

（4）赞同。利于种群数量恢复；繁育技术不断进步。

不赞同。抓捕种鹤会损害野生种群的生存；人工繁育的白鹤可能难以适应野生环境；导致白鹤减少的人为和环境因素并未得到改变；等等。

笔记（提取试题其他思维模板）

微专题 5 物种丰富

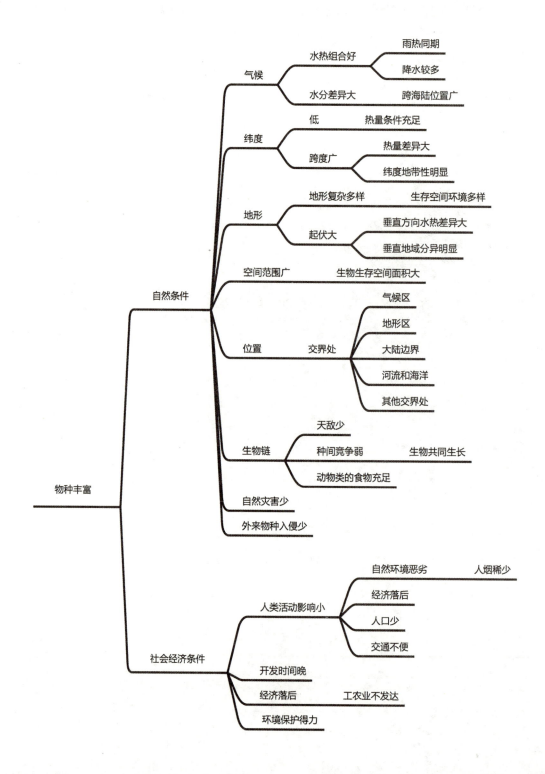

【练习1】

阅读图文材料,回答下列问题。

库尔德宁位于新疆巩留县东部山区,是南北走向的山间阔谷,与雪山平行。特殊的南北走向使得库尔德宁冬暖夏凉,四季气候宜人,降水丰富。1984 年这里被辟为自治区雪岭云杉自然保护区,2000 年又被确定为西天山国家级自然保护区。库尔德宁是天山山脉森林最繁茂的地方,拥有单位蓄材量世界罕见的云杉森林资源、完整的原始森林类型及植被,保护区内有 1 000 余种高等植物,146 种陆栖脊椎动物和 196 种昆虫,堪称亚欧大陆腹地野生生物物种的"天然基因库"。

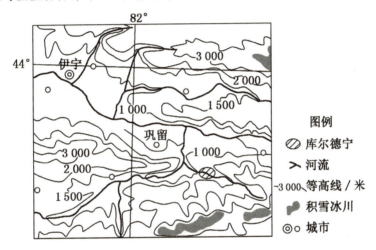

(1)推测库尔德宁特殊地形的形成过程。

(2)分析库尔德宁气候冬暖夏凉的原因。

(3)说出库尔德宁成为"天然基因库"的有利条件。

【练习2】

阅读图文材料，回答下列问题。

　　热带云雾林一般分布在亚洲、美洲和非洲热带高海拔的山区，因有持续性或季节性的云雾覆盖而得名。海南省是我国唯一有热带云雾林分布的地区，主要分布在霸王岭、尖峰岭及黎母山等林区，其中尖峰岭一年中云雾出现的天数可以超过300天。海南热带云雾林多分布于山顶或山脊，与低海拔热带森林相比，具有树木相对矮小、植株密度较大、附生植物密度较高、特有物种比较丰富的特点。下图为海南省热带云雾林分布简图。

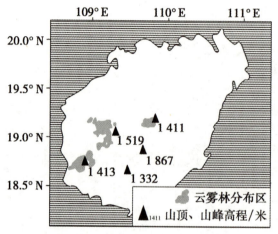

（1）简析海南省成为我国唯一有热带云雾林分布地区的自然条件。

（2）推测海南热带云雾林树木相对矮小的原因。

（3）说明热带云雾林生物多样性高、特有物种丰富的原因。

参考答案

【练习1】

（1）受内力作用影响，库尔德宁东西部褶皱隆起，中部凹陷形成谷地；后受流水作用影响，谷地不断展宽加深，形成阔谷。

（2）该地区海拔较高，夏季气温较低；夏季该地区受东、西、南三面山地的阻挡，到达谷地的太阳辐射较少，气温较低；该地区森林繁茂，对气候的调节作用强；冬季受北部山地的阻挡，该地受冷空气影响小，气温较高。

（3）冬暖夏凉，降水丰富；垂直地域分异明显，生物种类多；该地区人口密度低，且地形复杂，受人类活动影响小；政府的保护力度大。

【练习2】

（1）海南省纬度低，地处热带地区；海南省地处热带季风气候区，四面环海，水汽充足；植被覆盖率高，植物蒸腾水汽多；海南省内多山，海拔较高，温度较低，利于水汽凝结成雾。

（2）地势陡峭，土层较薄；海拔高，气温相对偏低；风力强劲（或夏半年多台风）。

（3）纬度低，相对高度大；人口稀少，人为干扰少，生物多样性高；山地地形，阻隔物种交流，形成诸多特有物种。

笔记（提取试题其他思维模板）

微专题6 洄游

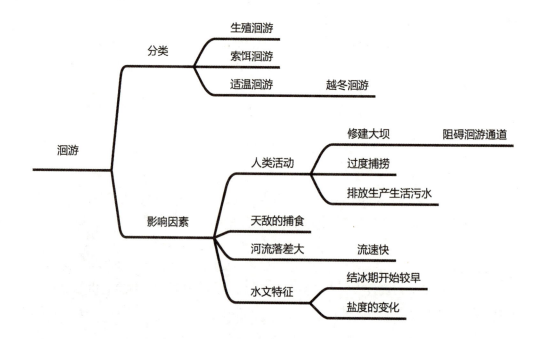

【练习1】

阅读图文材料，回答下列问题。

大马哈鱼属鲑科鱼类，是著名的冷水性溯河产卵洄游鱼类。它们一般把卵产在淡水系统的江河上游的沙砾区域。卵孵化出幼苗并生长一段时间后再顺流而下进入咸水系统的海洋之中，经4年左右的生长达到成熟，再洄游至淡水江河中产卵。我国东北大马哈鱼秋季开始从海洋洄游到黑龙江呼玛河产卵。

呼玛河为黑龙江上游右岸较大支流，位于黑龙江省西北部，河流落差大，水能资源丰富。呼玛河一般10月下旬开始结冰，于11月上旬封冻。呼玛河是大马哈鱼洄游的主要产卵河流。目前，当地建有大马哈鱼深加工企业。据调查，呼玛河乃至整个黑龙江省内的大马哈鱼数量正在急剧减少，种群现状令人担忧。黑龙江省规定每年10月1日至20日为秋季禁渔期。下图为呼玛河位置示意图。

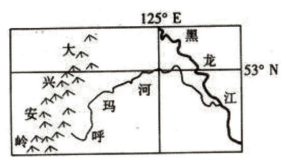

（1）指出大马哈鱼洄游到呼玛河可能遇到的自然阻碍。

（2）简析呼玛河有利于大马哈鱼产卵的条件。

（3）说明黑龙江省规定每年秋季一定时段为禁渔期对实现大马哈鱼渔业资源可持续发展的突出作用。

【练习2】

阅读图文材料，回答下列问题。

亚速海夏季水温为20～30℃，冬季水温低于0℃，平均深度8 m，其东北部水深不过1 m。俄罗斯鲟属肉食性鱼类，主要栖息在亚速海－黑海和里海水系（如下图所示），在亚速海生长较快，而在里海和黑海生长较慢。其适宜水温为18～25℃，偏好半咸水环境，淡水中亦可存活。生活在里海的俄罗斯鲟每年两次洄游到伏尔加河产卵，春季洄游距河口仅百余千米，而秋季洄游距河口可达数千千米。其肉质鲜美，营养价值高。下图为亚速海－黑海和里海水系示意图（图a）及伏尔加河流域开发示意图（图b）。

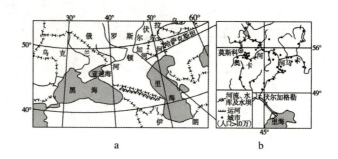

（1）分析俄罗斯鲟在亚速海生长快的原因。

（2）从水温的角度，解释俄罗斯鲟鱼春季洄游距离较秋季短的原因。

（3）推断近年来里海的俄罗斯鲟鱼数量急剧减少的可能原因。

参考答案

【练习1】

（1）落差大，多瀑布险滩；秋季流量较小，多浅滩；结冰期较早，不利于大马哈鱼洄游；沿途有天敌的捕食。

（2）纬度较高，水温低；生态环境好，水质好，沙砾地区多；人口稀少，环境安静，有利于大马哈鱼产卵。

（3）有利于保护大量大马哈鱼生殖前的洄游；有利于保护大马哈鱼秋季顺利产卵；有利于大马哈鱼的可持续发展。

【练习2】

（1）亚速海一年中大部分时间水温适宜；水域较浅，光照充足，利于浮游生物生长；河流携带大量营养物质入湖，利于浮游生物繁殖，为俄罗斯鲟提供饵料；河水与海水混合形成半咸水环境，适合俄罗斯鲟生长。

（2）（根据洄游方向可推断俄罗斯鲟洄游产卵需要一定的水温条件）伏尔加河自较高纬度流向较低纬度，越往上游其水温越低；春季大量积雪融水入河，水温较秋季低，洄游距离较短。

（3）过度捕捞影响鲟鱼的生存与繁殖；流域内生产和生活所排放污水会影响鲟鱼产卵；河流上修建水利工程会阻碍鲟鱼洄游；里海水位下降，盐度升高，鲟鱼生存环境恶化。

笔记（提取试题其他思维模板）

微专题 7　影响鱼类生存的条件

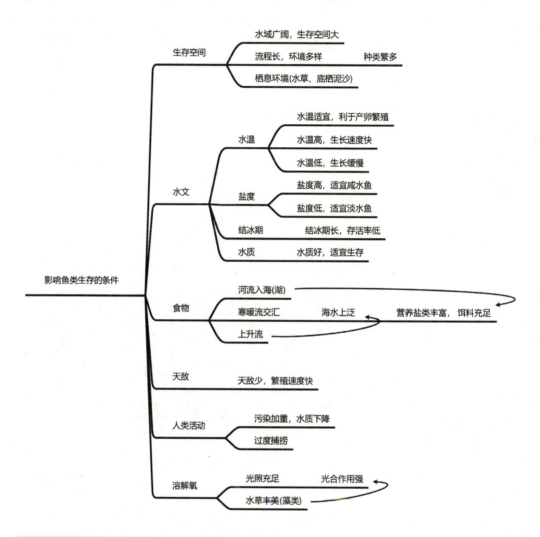

阅读图文材料，回答下列问题。

白斑狗鱼肉质细嫩，营养丰富，有"鱼中软黄金"之称。白斑狗鱼是肉食性鱼类，适宜在 16 ℃以下的水域产卵繁殖，分布于亚洲、欧洲和北美洲的北部冷水水域，栖息环境多为水质清澈、水草丛生的河流，在我国仅见于新疆的额尔齐斯河流域。额尔齐斯河是我国唯一属北冰洋水系的河流。

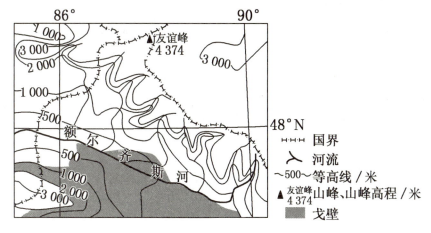

（1）根据支流的分布特征，分析图示额尔齐斯河流域降水分布特点及成因。

（2）分析图示额尔齐斯河流域适合白斑狗鱼生长繁殖的自然条件。

（3）说明白斑狗鱼产量低的原因。

【练习2】

阅读图文材料，回答下列问题。

沙丁鱼喜冷水，好群居，以大量的浮游生物为食。厄加勒斯浅滩（如图）是南半球沙丁鱼的主要集聚地，但每年5～7月，当一股低温的沿岸流在厄加勒斯浅滩出现并向北流动时，沙丁鱼便开始了一年一度的大迁徙。数以十亿计的沙丁鱼聚拢在了一起，形成了数千米长，宽达1 km，厚数十米的"鱼带"，跋涉1 000多千米迁徙到德班附近海域。

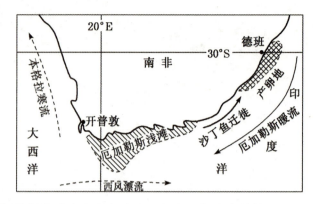

（1）说明厄加勒斯浅滩成为南半球沙丁鱼主要集聚水域的原因。

（2）分析厄加勒斯浅滩出现的沿岸流对沙丁鱼大迁徙的有利影响。

（3）说出沙丁鱼大迁徙期间德班的常见天气特点。

参考答案

【练习1】

（1）分布特点：该流域降水北多南少。

原因：地处大陆内部，气候干旱。但北部山地为（西风）迎风坡，山体高大，能拦截水汽。

（2）支流发源于高山地区，水质好；纬度高，加之受高山融雪影响，水温低；干流流速缓，水草丛生；河流下游冷水鱼可逆流而上（可构成统一种群）。

（3）生长繁殖的环境要求特殊，适宜生长繁殖的水域少；水中生物量低，饵料少；水温低，生长缓慢。

【练习 2】

（1）厄加勒斯浅滩位于非洲大陆的最南端，受西风漂流的影响，水温低，适合沙丁鱼生存；浅滩水域阳光充足，光合作用强，浮游生物多，为沙丁鱼提供食物；厄加勒斯浅滩面积大，为沙丁鱼群居提供广阔的生存空间。

（2）5~7月，气压带、风带北移，受西风带控制，厄加勒斯浅滩出现的沿岸流向北（东北）流动，利于沙丁鱼顺流迁徙；该沿岸流属于冷水流，降低了德班附近海域水温，为沙丁鱼提供了冷水生存环境；该沿岸流（冷水流）与外海的厄加勒斯暖流交汇，搅动起深海的营养物质，为沙丁鱼带来丰富饵料。

（3）多晴天，云量少；风力较弱；气温较低，昼夜温差较大。

笔记（提取试题其他思维模板）

微专题 8 生物入侵

考点 1 生物（植物）入侵的原因

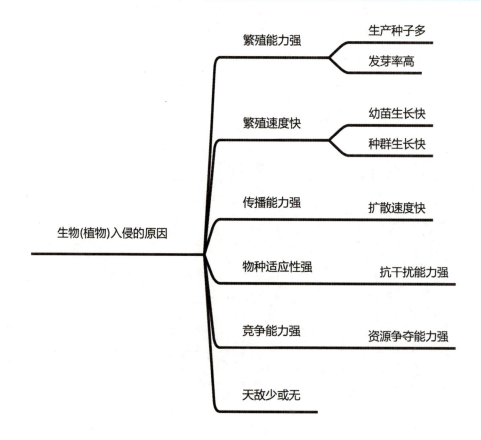

生物(植物)入侵的原因
- 繁殖能力强
  - 生产种子多
  - 发芽率高
- 繁殖速度快
  - 幼苗生长快
  - 种群生长快
- 传播能力强
  - 扩散速度快
- 物种适应性强
  - 抗干扰能力强
- 竞争能力强
  - 资源争夺能力强
- 天敌少或无

【练习1】

阅读材料，回答下列问题。

加拿大的"一枝黄花"为多年生草本植物，原产北美。1935 年作为观赏植物，其被引进上海。它的种子和地下根茎均能繁殖，从山坡林地到沼泽地均可生长，还能抑制入侵地其他植物生长，在 20 世纪 80 年代扩散蔓延成为恶性杂草，现主要分布于浙江、上海、安徽、湖北、湖南郴州、江苏、江西等地。据上海植物专家统计，近几十年来，加拿大"一枝黄花"已导致 30 多种乡土植物物种消亡。"一枝黄花"在 2010 年被纳入《中国第二批外来入侵物种名单》，属全球性入侵物种。

简述加拿大"一枝黄花"在我国扩散蔓延成为恶性杂草的原因，并提出防治措施。

考点 2　生物（植物）入侵的影响

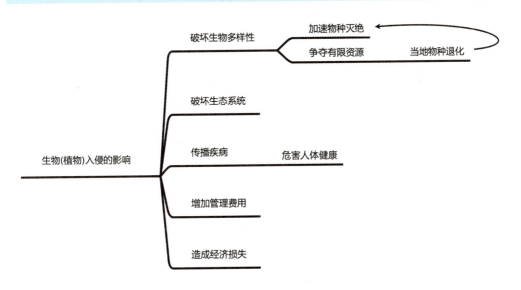

【练习 2】

阅读材料，回答下列问题。

紫茎泽兰为多年生草本或成半灌木状植物，原产于墨西哥，自 19 世纪作为一种观赏植物在世界各地引种后，因其传播途径多，生命力强，适应性广，繁殖力强，易成为群落中的优势种，甚至发展成为单一优势群落。紫茎泽兰植株内含有芳香和辛辣化学物质和一些尚不清楚的有毒物质，常导致家畜误食中毒死亡，其花粉能引起人类过敏性疾病，已成为全球性的入侵物种。2003 年，紫茎泽兰在由中国国家环保总局和中国科学院发布的《中国第一批外来入侵物种名单》中名列第一位。

简述紫茎泽兰入侵可能对当地环境产生的不良后果。

参考答案

【练习 1】

原因：加拿大的"一枝黄花"种子和地下根茎均能繁殖，繁殖能力强；从山坡林地到沼泽地均可生长，生态适应能力强；在我国环境缺少天敌，还抑制其他生物的生长，传播能力强。

措施：预防"一枝黄花"的蔓延，组织人工清除；开展药剂清除；控制人为传播；研究其利用方式，化弊为利。

【练习2】

破坏土壤结构，土壤肥力下降；争夺本地植物的生存空间，使生物多样性减少；破坏生态平衡，威胁入侵地的生态安全；对侵入地的生产生活造成直接的危害，带来巨大的经济损失；危害人体和牲畜的健康；等等。

笔记（提取试题其他思维模板）

微专题9　生物泛滥

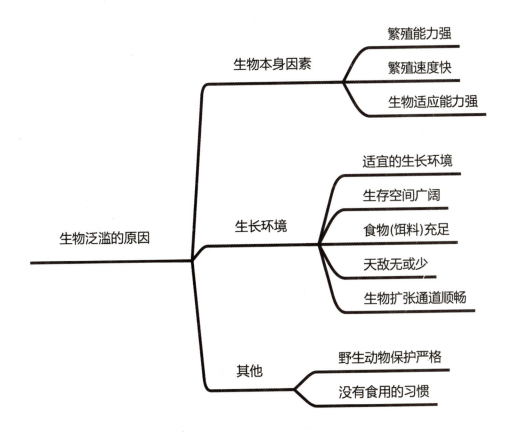

生物泛滥的原因
- 生物本身因素
  - 繁殖能力强
  - 繁殖速度快
  - 生物适应能力强
- 生长环境
  - 适宜的生长环境
  - 生存空间广阔
  - 食物(饵料)充足
  - 天敌无或少
  - 生物扩张通道顺畅
- 其他
  - 野生动物保护严格
  - 没有食用的习惯

【练习1】

阅读材料，回答下列问题。

中国大闸蟹早在1900年就通过商船的压舱水从中国"移民"到欧洲。鲜活的大闸蟹是中国人餐桌上的"超级美味"，但欧洲许多国家不食用或少食用，而且这种"什么都吃"的八脚猛士开始在欧陆江河横行，对本土物种构成了严重的生存威胁。欧洲媒体把大闸蟹描绘成"面目狰狞的怪物"而大加讨伐。近年来，欧洲许多国家采取了一系列措施，大闸蟹不再泛滥成灾。

说明大闸蟹在欧洲许多国家泛滥成灾的原因，并推测当地为抑制大闸蟹泛滥可能采取的措施。

【练习2】

阅读材料，回答下列问题。

生蚝，因营养价值高，味道鲜美，口感嫩滑，受到许多食客的追捧，就连当地的动物也喜食。数十年前，丹麦人为增加当地的生物多样性，引进了一批太平洋生蚝。这种生蚝个大壳坚，对水温的适应性较强，一般在水温 −3 ~ 32℃范围内均能生存，主要分布于低潮线至水深 20 米的浅海区。由于当地动物无法食用，太平洋生蚝越来越多，泛滥成灾，对海岸的生态环境造成了极大的破坏。

分析太平洋生蚝在丹麦泛滥成灾的自然原因，并对丹麦这一环境问题提出治理建议。

参考答案

【练习1】

原因：食性杂，适应性强，繁殖能力强；外来物种，本地缺少天敌；欧洲人很少食用大闸蟹。

措施：捕捞大闸蟹加工成动物饲料；鼓励人们食用大闸蟹；捕捞后卖给华人餐馆。

【练习2】

原因：海岸线漫长，浅海面积大，为生蚝生长繁殖提供了广阔的空间；北大西洋暖流流经，水温适宜，利于越冬；多条河流注入海洋，带来丰富的营养物质，利于浮游生物生长，饵料丰富；太平洋生蚝适应性强，繁殖能力强；外来物种，本地缺少天敌。

措施：粉碎制作动物饲料；鼓励丹麦人尝试食用生蚝；捕捞后出售给居民喜食生蚝的国家。

笔记（提取试题其他思维模板）

微专题 10　山火

考点 1　山火的原因

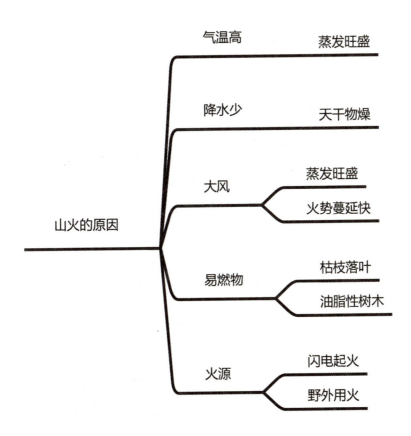

【练习1】

阅读图文材料，回答下列问题。

森林火灾是指失去人为控制，在林地内自由蔓延和扩展，对森林、森林生态系统和人类带来一定危害和损失的林火行为。是一种突发性强、破坏性大、处置救助较为困难的自然灾害。下图为"2013 年美国加利福尼亚主要森林火灾地点分布图"。

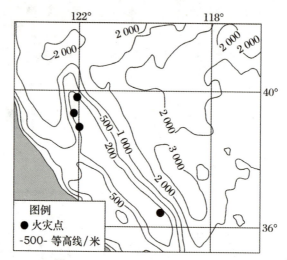

试分析加利福尼亚森林火灾的主要自然原因及影响。

考点2 山火的影响

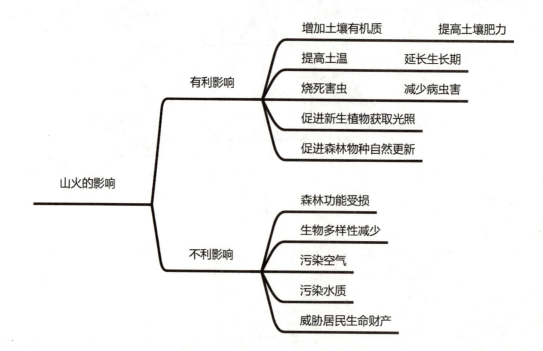

【练习2】

阅读图文材料，回答下列问题。

圣安娜风是指秋冬季扫过美国西南部和墨西哥西北部的一种风，它以助长所处地区的林区野火而闻名。近年来，当地林业部门开始认识到部分野火具有生态效益，因此他们采用"受控的火烧"的办法来提高耐火植物生长环境的质量。所谓"受控的火烧"是专业人员点燃的小规模的山火，火焰较低并且在地表缓慢移动。经过"受控的火烧"，森林冠层火灾发生的概率明显降低。

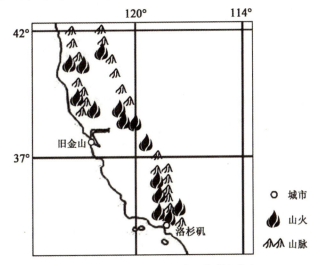

（1）简析秋季洛杉矶附近林区野火火势猛烈的自然原因。

（2）从土壤的角度，分析林区野火对耐火植物生长所起的积极作用。

（3）说出实施"受控的火烧"时应具备的气象条件。

参考答案

【练习1】

原因：受副热带高气压带控制，气候干燥；地处西风带背风坡，易发生焚风，地温高，引发火灾；枯枝、落叶等松散可燃物数量多，且燃点低。

影响：森林面积减少；破坏森林生态系统平衡；严重污染大气环境；生物多样性减少；促进森林物种自然更新；控制病虫、鼠害等。

【练习2】

（1）该地夏季炎热干燥，秋季林区积累大量干燥的枯枝落叶等易燃物；秋季来自内陆荒漠干燥的圣安娜风，翻越高大山脉后下沉升温（背风坡焚风）；干热气流又顺峡谷穿行，加大了风速（狭管效应），助长了火势。

（2）枯枝落叶燃烧后，释放大量矿物质，提高土壤肥力，有利于耐火植物对养分的吸收；烧死土壤或枯枝落叶中的害虫，降低森林虫害风险；火烧可以提高表层土温，促进耐火植物生长。

（3）无风或弱风；空气湿度较大；气温较低。

笔记（提取试题其他思维模板）

微专题 11　涌潮

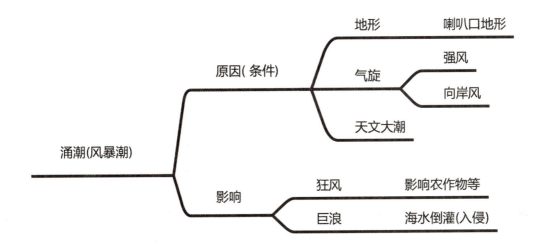

【练习1】

阅读图文材料,回答下列问题。

世界有三大涌潮:印度恒河潮,巴西亚马孙潮与中国钱塘潮。 钱塘江观潮始于汉魏,盛于唐宋,苏东坡有诗云:"八月十八潮,壮观天下无。鲲鹏水击三千里,组练长驱十万夫。红旗青盖互明灭,黑沙白浪相吞屠。"

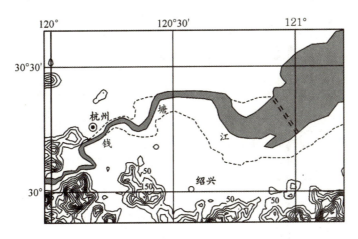

说明壮观的钱塘江潮形成的原因,并分析钱塘江沿岸发展观潮旅游业的条件。

【练习2】

阅读图文材料，回答下列问题。

阿拉瓜利河位于巴西亚马孙河流域的北部，注入大西洋，全长只有220千米，但下游河道宽约2千米，且河床较浅。流域内人烟稀少，热带雨林茂密，沿河多沼泽。每年4月，太阳、地球和月球的中心在一条直线上时，亚马孙河河口附近的众多支流都会出现涌潮，但最壮观、最野性的涌潮在阿拉瓜利河，其浩浩荡荡的潮水从河口沿河道递流而上近60千米，时速30余千米，潮高可达2～4米。下图示意阿拉瓜利河的中下游位置。

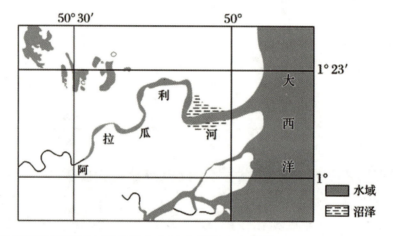

（1）说明阿拉瓜利河上游建设水电站有利的水文条件。

（2）分析阿拉瓜利河河口附近每年4月涌潮最壮观的原因。

（3）分析阿拉瓜利河下游河道宽阔但河床较浅的原因。

（4）为抵御涌潮，有人提出在阿拉瓜利河河口附近修建沿河堤坝的措施，请分析其可能带来的不利影响。

参考答案

【练习 1】

钱塘江大潮形成的原因：（地形）一是喇叭口式的海湾特点，钱塘江外杭州湾，外宽内窄，外深内浅；（天体引潮力）二是月球和太阳对地球的引力，初一、十五往往是大潮；（大气环流）三是夏季风的风涌作用。

钱塘江沿岸发展观潮旅游业的条件：（景观游览价值）钱塘江潮气势磅礴，久负盛名，知名度高；观潮活动历史悠久，人文景观丰富；（市场距离与旅游配套）地域组合、集群状况条件好；地处经济发达区域，基础设施完善，客源市场广阔；交通便利。

【练习 2】

（1）阿拉瓜利河流域全年多雨，河流径流量大且稳定；水位季节变化小，无明显汛期；流经亚马孙平原，流速缓慢；热带雨林茂密，含沙量小。

（2）每年 4 月，太阳、地球和月球的中心在一条直线上，引力叠加，形成天文大潮；河口为喇叭形，潮水涌入由宽变窄，潮位被推高；河口受东北信风（或信风）影响，信风顺潮流方向推高潮位（或风助潮势）；该河流年径流量大，入海口河水逆潮流顶托抬高潮位。

（3）河道宽阔：下游流量大，流水以向两侧河岸侵蚀为主；每年涌潮流速快，潮水高，对两侧河岸侵蚀力强。河床较浅：下游流速缓慢，河流以堆积作用为主；涌潮逆流而上，带来的泥沙淤积，河床较浅。

（4）破坏河流沿岸沼泽和热带雨林自然环境；修建沿河堤坝使河流空间固定，导致涌潮浪高更高，破坏力更强。

笔记（提取试题其他思维模板）

微专题 12 寒潮

考点 1 寒潮的有利影响

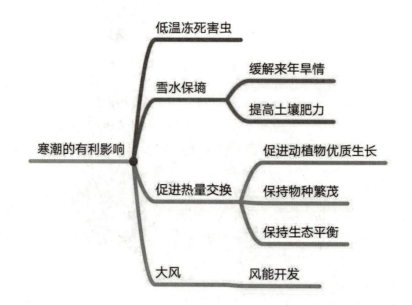

【练习 1】

读表格材料，回答问题。

1951—1976 年我国寒潮次数和频率表

月　份	7	8	9	10	11	12	1	2	3	4	5	6
次数	0	0	0	3	29	16	17	22	27	20	1	0
频率/%	0	0	0	2.2	21.5	11.9	12.6	16.2	20.0	14.8	0.7	0

（1）据表推断，我国农业生产受寒潮灾害最严重的季节。

（2）分析寒潮对农业生产的不利和有利影响。

考点2　寒潮的不利影响

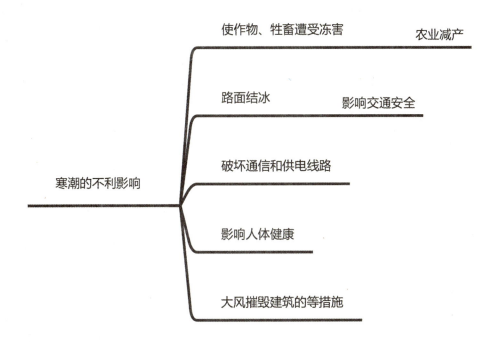

【练习2】

阅读图文材料，回答下列问题。

寒潮是我国冬半年常见的灾害性天气，2012年1月中旬，受寒潮影响，我国南方地区出现了大范围的低温雨雪冰冻天气。

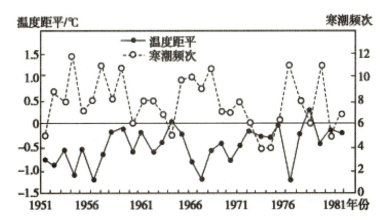

（1）结合上图"我国 1951—1981 年地表温度距平与寒潮频次的变化图"，判断地表温度距平与寒潮频次之间的关系，并解释原因。

（2）此次低温雨雪冰冻天气会给当地人们的生产、生活带来哪些影响？

参考答案

【练习1】

（1）秋末、春初。

（2）不利：低温冻害、大风、冻雨、暴雪。

有利：带来降雪，能保持土壤墒情；减少病虫害等。

【练习2】

（1）大致呈负相关（温度距平越低，寒潮频次越高）。温度低的年份，亚洲高压强盛，冷空气活动频繁，寒潮频次高。

（2）影响铁路、公路、航空等交通运输业；影响通信业；影响电力供应；影响农业生产；等等。

笔记（提取试题其他思维模板）

微专题 13　果树防冻

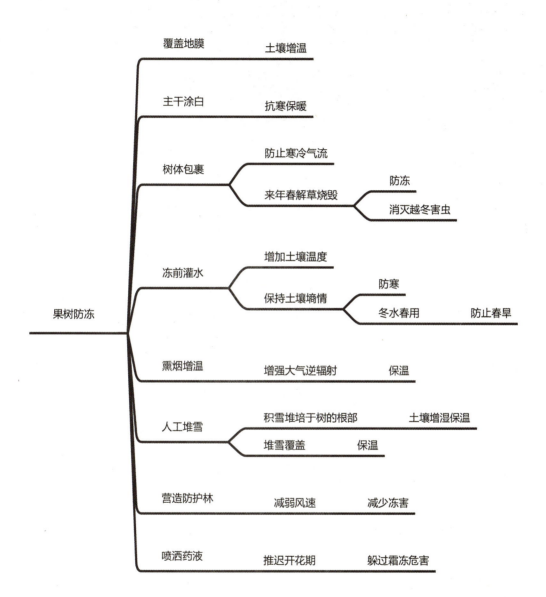

【练习1】

阅读图文材料，回答下列问题。

蓝莓，果实颜色极具吸引力，因好吃又兼有营养保健功能而深受消费者喜爱。我国东北地区分布有野生蓝莓，果实品质优但产量低；在引进国外优良品种的基础上，现已培育出七十多个品种，这些蓝莓品种的共性是生长环境喜湿怕旱，主要差异是耐寒程度，例如，生长在我国东北地区的蓝莓可耐零下35℃低温，但极端天气下，当地气温可能会出现超低温，农民经常人工堆雪以防冻害；蓝莓植株高度有的品种达1.5米左右，有的品种仅0.3～0.8米。下图分别示意我国东北地区某区域冬、夏季山谷、山顶气温日变化。

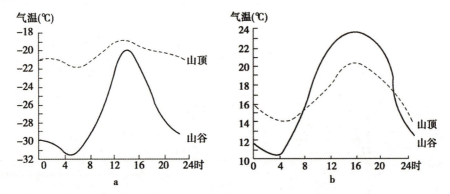

（1）据图，指出山谷和山顶冬、夏季气温及其日变化的差异。

（2）说明大兴安岭蓝莓主要种植在山谷、洼地的原因。

（3）分析在半山坡的野生蓝莓比山谷种植的蓝莓不易受到冻害的原因。

（4）简述当地果农采用人工堆雪方式防止蓝莓冻害的原因。

【练习 2】

阅读图文材料，回答下列问题。

柑橘类植物（橙、橘、柑、柑橘、葡萄柚等）对低温特别敏感，理想的生长温度为 15.6 ～ 31.7 ℃。加利福尼亚州是美国柑橘类产品的主要产地，与美国其他产地以生产加工果汁的柑橘为主不同，加利福尼亚州以生产果皮较厚的鲜食柑橘为主。新奇士公司是全球范围的历史悠久、声誉超著的果农合作社，由加利福尼亚州 6 000 多名柑橘种植者共同拥有，他们大多是小型的个体果农，这些果农共同使用"新奇士"品牌，把产品销售到世界各地。

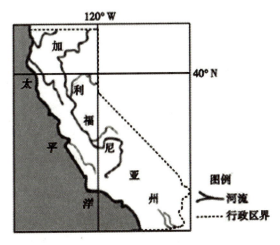

（1）分析加利福尼亚州的柑橘主要供应鲜食市场的原因。

（2）当气温下降时，加利福尼亚州的果农会在果园上空约 15 米架设风机并增加灌溉，推断果农采用这些措施的原因。

（3）说明新奇士合作社对加利福尼亚州柑橘产业发展的有利影响。

参考答案

【练习1】

（1）冬季：山顶气温高，山谷气温低；山谷气温日较差大，山顶气温日较差小。夏季：白天山谷气温高，夜晚山顶气温高；山谷和山顶气温日较差均较大，山谷变化更大。

（2）山谷和洼地夏季气温高，热量充足；山谷和洼地因河流和丰富的地下水，土壤湿润；山谷和洼地土层深厚，土壤肥沃。

（3）冬季（尤其是夜晚），太阳辐射减弱（夜晚没有），（山谷两侧的）山坡降温快，山坡近地面的空气受冷收缩下沉至谷底，冷空气将山谷原本的暖空气抬升至半山坡，使得半山坡气温相对较高，在此生长的野蓝莓不易受到冻害；野生蓝莓长期生长在本地，对当地气候变化适应性强。

（4）东北地区冬季降雪量大，当地蓝莓植株较矮（0.3～0.8米），容易人工堆雪覆盖；冬季堆雪（积雪）可以减少地表热量的散失，又可阻隔冷空气直接侵袭蓝莓树体和土壤；积雪（堆雪）较蓬松，孔隙多，孔隙中的空气对地面和树体具有保温作用。

【练习2】

（1）加利福尼亚州夏季气候干燥，降水少，柑橘果皮较厚，外表美观，保存时间长；昼夜温差大，果实甜度高，果肉紧实，较适合鲜食，且鲜食效益高。

（2）柑橘类植物对低温敏感，所以防冻至关重要；加利福尼亚州夏季气候干燥，夜晚地面降温快，容易产生逆温现象；风机可以将高空的暖空气输送到地面，从而提高果园近地面的气温；灌溉可以增加土壤水分，使地面降温速度减慢，减轻冻害影响。

（3）新奇士合作社可以根据市场信息指导果农种植不同品种的水果，增加果农收入；根据质量对同档次柑橘统一定价，避免同类农产品间的恶性竞争；通过技术推广，延长柑橘收获期，提高质量；可以统一安排采摘、包装和运输等环节，降低生产成本；可以形成规模效益，共同打造品牌，拓展消费市场；可以通过推广不同的加工方式，增加产品附加值。

笔记（提取试题其他思维模板）

微专题 14　积雪对农田的作用

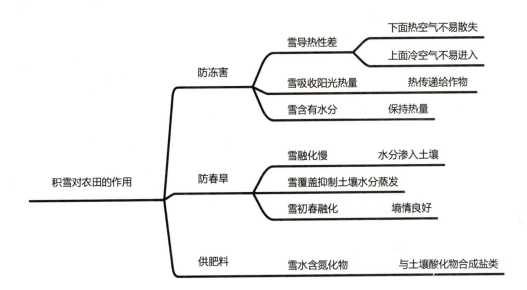

【练习】

谏语"瑞雪兆丰年"是指适时、适量的冬雪预示着来年是丰收之年。降雪是固态降水，常出现在气温低于0℃的地区，雪中含有丰富的氮化物。据此回答下列各题。

（1）"瑞雪兆丰年"谏语最有可能创作于（　　）。

A. 东北地区　　　　B. 华北地区　　　　　　C. 长江三角洲　　　　D. 珠江三角洲

（2）"瑞雪"对农业生产产生的主要影响是（　　）。

①缓解夏旱　②增加肥力　③缓解春旱　④杀灭害虫　⑤改良品种

A. ①②③　　　　　B. ①②④　　　　　　　C. ②③④　　　　　　　D. ②④⑤

（3）"瑞雪"覆盖对土壤温度产生影响的主要原理是，"瑞雪"（　　）。

A. 阻挡了地面辐射

B. 削弱了大气对太阳辐射的吸收作用

C. 增强了大气逆辐射

D. 增强了地面对太阳辐射的反射作用

参考答案

【练习】

（1）四个地区中，华北平原为我国冬小麦主要种植区，B正确；东北地区冬季寒冷而漫长，主要种植春小麦，A错误；长江三角洲与珠江三角洲主要种植水稻，C、D错误。故选B。

（2）材料显示"雪中含有丰富的氮化物"，因此"瑞雪"可以增加土壤肥力，②正确；冬季天气冷，覆盖在土壤上的雪是比较松软的，里面藏了许多不流动的空气，空气是不传热的，这样就像给庄稼盖了一条棉被，外面天气再冷，下面的温度也不会降得很低，等到寒潮过去以后，天气渐渐回暖，雪慢慢融化，这样不但保证了庄稼不受冻害，而且积雪消融可以缓解旱情，③正确，①错误；积雪温度低，可以杀灭害虫，④正确；改良品种依靠科技力量，积雪不能改良品种，⑤错误。综上所述，C正确，A、B、D错误。故选C。

（3）覆盖在土壤上的雪是比较松软的，里面藏了许多不流动的空气，空气是不传热的，因此可以有效阻挡地面辐射，A正确；积雪与削弱了大气对太阳辐射的吸收作用和增强了大气逆辐射无关，B、C错误；增强地面对太阳辐射的反射作用会造成土壤温度过低，不能体现"瑞雪"的价值，D错误。故选A。

笔记（提取试题其他思维模板）

微专题 15　冬灌

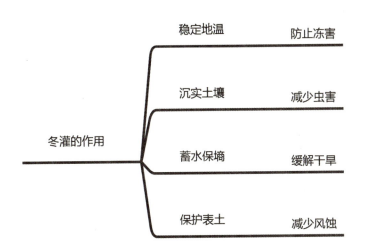

【练习1】

阅读图文材料,回答下列问题。

猕猴桃原产我国长江流域各省,是落叶藤本植物,不耐干旱,喜温暖湿润的气候;喜光,要求日照时间为 1300～2600 小时,生长的土壤以深厚肥沃、透气性好、微酸性的沙质土壤为宜。近年来淄博博山源泉镇以独特的自然环境条件成为山东省种植猕猴桃的最佳区域,并逐渐实现规模化种植,成为猕猴桃种植基地。博山猕猴桃早熟,口感甘甜,每年在全国大部分猕猴桃上市前就销售一空。下左图示意博山位置及地形。

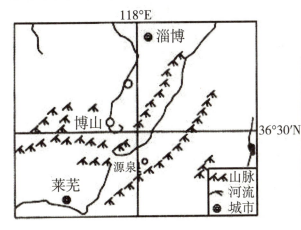

（1）简述博山源泉镇适宜种植猕猴桃的优势自然条件。

（2）每年冬季，果农都要对果树进行冬灌。推测果农冬灌的原因。

（3）指出博山猕猴桃销售的市场优势。

【练习2】

阅读图文材料，回答下列问题。

吉兰泰盐湖是中国西北内陆大型盐湖之一，其采盐历史悠久，所产的盐以颗粒大、杂质少、味道浓等特点闻名遐迩。吉兰泰盐湖遭受流沙侵袭的最盛时段是20世纪70年代至80年代中期，这一阶段正是盐湖采盐规模扩大、人口急剧增加的时期。20世纪80年代初，当地政府在吉兰泰盐湖周围大量种植防护林，并在冬季对防护林进行灌溉，治沙效果明显。

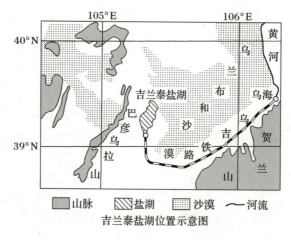

吉兰泰盐湖位置示意图

（1）分析 20 世纪 70—80 年代吉兰泰地区沙害严重的原因。

（2）指出当地对防护林进行"冬灌"的优点。

参考答案

【练习 1】

（1）温带季风气候，比较湿润，光热条件适宜；河谷地带，沙质土壤，土层疏松、深厚，肥力高；河流上游，水源丰富，水质好。

（2）减轻冻害，保证树木安全越冬；增加土壤含水量，预防春旱，提高产量。

（3）上市早，品质优，市场广阔；规模化种植，生产成本较低，市场竞争力强；周边地区种植面积小，竞争压力小。

【练习 2】

（1）盐湖工业发展，人口迅速增加；牲畜饲养量增加（过度放牧）；生活樵采量增加（过度樵采），植被破坏，沙化严重；气候异常，干旱加剧。

（2）错开春季用水高峰，充分利用冬季地下水资源；利用冬季增加土壤水分，为林木春季生长提供必要的水分，提高林木的成活率；沙表形成冻层，保护表土（利于就地固沙）；利于林木越冬；减轻病虫害。

笔记（提取试题其他思维模板）

微专题 16　农产品品质

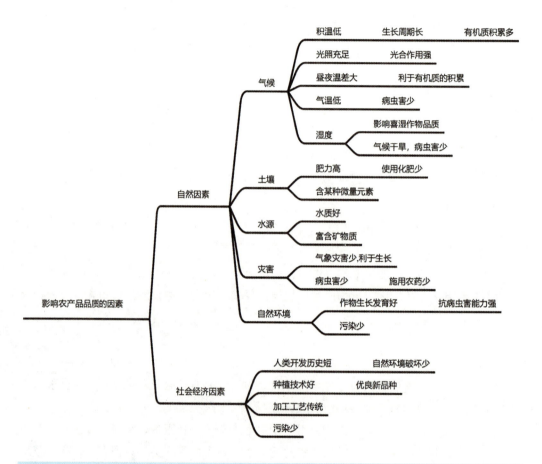

【练习 1】

阅读图文材料，回答下列问题。

雅鲁藏布江大拐弯地区总人口约 14.6 万，人口密度为 12.2 人／平方千米。墨脱位于雅鲁藏布江下游，境内四季如春，气候条件优良，种植的水稻品质极好，被誉为"西藏的江南"。下图为我国雅鲁藏布江大拐弯地区等高线地形图。

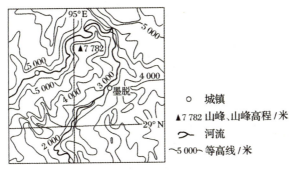

（1）分析雅鲁藏布江大拐弯地区环境质量优良的原因。

（2）说明墨脱水稻品质极优的自然条件。

（3）分析墨脱被誉为"西藏的江南"的气候原因。

【练习2】

阅读图文材料，回答下列问题。

野生黑枸杞是青海省荒漠戈壁地区主要的建群植物之一。青海省野生黑枸杞资源丰富、品质优良，具有颗粒饱满、汁浓甘甜味美、保健药用价值高等特点。近年来，青海省不断加大对黑枸杞的人工栽培技术投资和实验性驯化种植，并取得了很好的生态、社会和经济效益，但黑枸杞产业化生产仍存在许多问题。下图为青海省年平均日照时数和年平均降水量空间分布图。

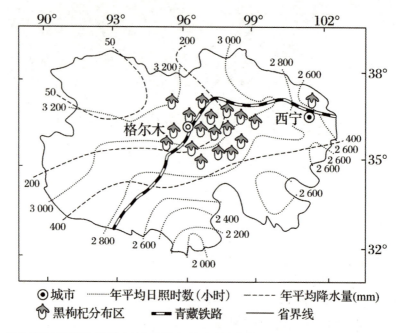

（1）指出青海省野生黑枸杞品质优良的自然原因。

（2）分析青海省野生黑枸杞人工种植的有利社会经济条件。

（3）说明青海省黑枸杞产业化生产可能存在的主要问题，并提出合理的措施。

参考答案

【练习1】

（1）高寒地区，地形闭塞，人口稀少（地广人稀）；工矿业、城镇、交通车辆等较少，人类活动排放的废弃物较少，人类对环境的影响较弱。

（2）海拔高，夏季气温较低，作物生长期长；病虫害少，农药使用量少；大气稀薄，光照充足，昼夜温差大，自然环境优良。

（3）纬度较低；位于河谷，海拔较低，冬季盛行下沉气流，气流在下沉过程中增温，年均温较高；夏季来自印度洋的西南风沿峡谷深入，湿润多雨。

【练习2】

（1）地势较高，光照充足，昼夜温差大，利于糖分及营养成分积累；春夏季节冰雪融水量大，低温型地下水源充足，利于果肉积汁充盈；太阳紫外辐射强，气温低，病虫害、果肉果汁菌类含量少；距离工业发达地区较远，无污染，果质优良。

（2）地处青藏铁路沿线，交通运输便利；野生黑枸杞药用价值和营养价值较高，消费市场广阔；地处西部地区，经济扶持政策优惠；科技投资力度不断加大，人工抚育与栽培技术不断提高。

（3）问题：人工种植起步晚，规模小，产量较低；农户种植技术落后，生产成本高，经济效益低；加工产业链短，产品结构单一，附加值低；投入高端加工研发资金、技术不足，高值化加工利用的关键技术缺乏；宣传力度小，品牌优势不足，知名度低；等等。

措施：充分发挥资源优势，建设黑枸杞专业化（规模化）种植园；实施农户技术培训，提高规模化种植农户的科技素质；发展黑枸杞工业园，调整产品结构，延长黑枸杞加工产业链，增加附加值；加大研发技术、资金投入，提高黑枸杞产业的科技含量；加大对外宣传力度，树立品牌优势；等等。

笔记（提取试题其他思维模板）

微专题 17 农产品市场竞争优势

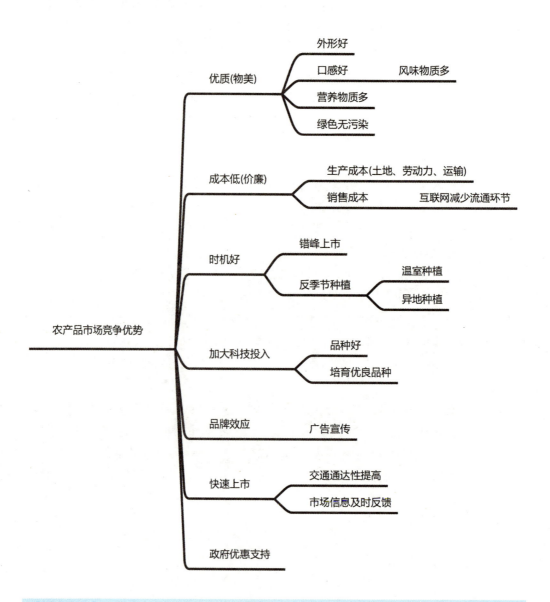

【练习1】

阅读材料，回答下列问题。

"褚橙"是云南特产的冰糖橙的别称，主要种植在云南元江干热河谷地带。近年来，培育优良品种、改变肥料配比保证了果实有良好的口感；建设的水利设施保证了果品稳产高产。原本主要供应昆明市场的"褚橙"，目前借助互联网销售到北京、天津、上海、江苏、广东等地。与江西、四川、湖南的冰糖橙相比，"褚橙"的市场竞争力大大增强，知名度不断提高。

（1）简要分析"褚橙"市场竞争力强的主要原因。

（2）云南省内机场数量远多于其他省份，简述其原因。

【练习2】

阅读图文材料，回答下列问题。

材料一：猕猴桃原产于我国，新西兰引入栽培，将改良后的优良品种称为"奇异果"。

奇异果生长怕旱、怕风，宜栽植于湿润、疏松、深厚的土壤。新西兰的奇异果高度集中分布在北岛普伦蒂湾沿岸地区，鲜果主要出口到欧洲、日本等地，出口量居世界第一。

我国已引种奇异果，并建立了加工企业。

材料二：新西兰北岛图。

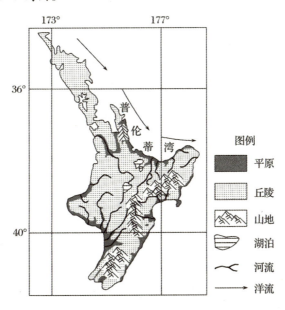

（1）分析新西兰普伦蒂湾沿岸栽植奇异果的有利自然条件。

（2）与新西兰相比，评价我国生产的奇异果产品的市场优势。

参考答案

【练习1】

（1）热量充足，光照条件好；加大科技投入，使果实口感好；加强水利设施建设，保证了水果的产量和质量。

（2）地形地质条件复杂，地面交通设施建设难度大；旅游业发达，交通航空需求量大；航空运输速度快，可提高运输效率。

【练习2】

（1）中纬偏低地区，热量条件好；沿岸有暖流流经，气候湿润；西风受地形阻挡，风较小；沿岸平原，地势低平；河流泥沙淤积，土层疏松、深厚。

（2）我国人口多，果品消费市场大；我国劳动力价格相对较低，果品生产成本低；距欧洲、日本市场较近；与南半球季节相反，鲜果上市时间不同，利于销售。

笔记（提取试题其他思维模板）

微专题 18　梯田

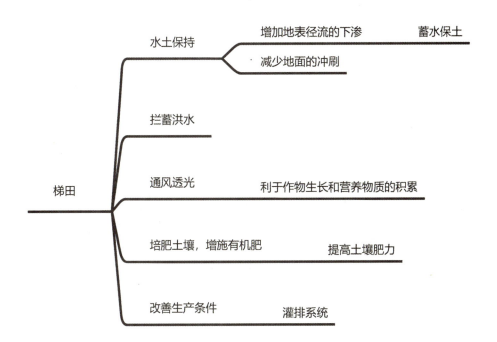

【练习 1】

阅读图文材料，回答下列问题。

巴纳韦高山梯田位于菲律宾吕宋岛北部伊富高省巴纳韦镇附近，已有两千多年历史。梯田的外壁大多用石块砌成，石壁最高达四米。菲律宾人自豪地称之为"世界古代奇迹"。

说明石壁梯田对水土保持的作用。

【练习2】

阅读图文材料，回答下列问题。

凤堰梯田位于陕西省南部。乾隆年间，湖南长沙移民见此地气候湿润，森林茂密，与江南相似，于是游说当地农户共同开垦，并逐渐完善梯田灌溉系统。凤堰梯田主要位于山前冲积扇，在修筑初期，常发生前一天灌满水，第二出就出现干涸的情形，后采用措施加以解决。该梯田现为我国北方省份面积最大的古水稻梯田，已成为旅游胜地。

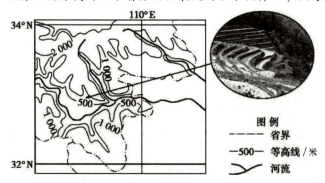

（1）分析凤堰发展古水稻梯田有利的自然条件。

（2）说明梯田修筑初期水源易干涸的主要原因。

（3）从可持续发展的角度分析凤堰梯田对当地的有利影响。

参考答案

【练习1】

石壁垒起的田埂可以有效拦截雨水，减缓地表径流流速，减轻流水侵蚀（冲刷）；雨水被截留，增加下渗；水土流失减轻，提高土壤肥力。

【练习2】

（1）亚热带季风气候，雨热同期（水热条件好）；位于山前冲积扇，坡度较缓，利于修筑梯田；土层深厚，土壤肥沃；临近河流，水源充足。

（2）土质疏松，孔隙大，地表水易渗漏；地下水埋藏较深；有一定坡度，排水条件好。

（3）增加耕地面积，提高粮食产量；增加农民收入，改善生活水平；缓解人地矛盾；减轻水土流失，有利于生态环境的保护；利用梯田景观，发展旅游业。

笔记（提取试题其他思维模板）

微专题 19　起垄、高床

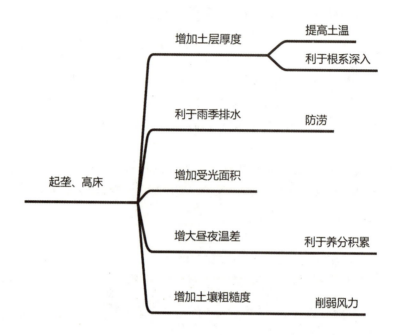

阅读图文材料，回答下列问题。

地处内蒙古高原与河北北部山地交界处的塞罕坝，春季多大风，历史上曾是皇家避暑狩猎之所，后因掠夺采伐和连年山火变为荒山秃岭。中华人民共和国成立后，党和国家重视国土绿化。1962 年，塞罕坝林场从 1 000 千米之外的黑龙江孟家岗林场运来树苗栽种，但成活率极低。随后，林场采用高床育苗（下图），使树苗成活率明显提高，栽种过程中发现南坡的成活率相对较低。经过 50 多年的发展，塞罕坝的森林覆盖率从 1962 年的 12% 提高到如今的 80%，当地的小气候得以改善，霜冻发生的频率显著减少。

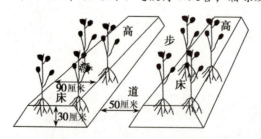

（1）说明与平床育苗相比，塞罕坝高床育苗的优点。

（2）简述与北坡相比，塞罕坝荒山南坡造林的不利条件。

（3）分析塞罕坝林场建成 50 多年后，当地霜冻发生频率减少的原因。

【练习 2】

阅读图文材料，回答下列问题。

黄河下游因黄河多次决口形成泛滥平原（黄泛平原），沙岗地和洼地广布，冬春季节风沙活动频繁。红薯是地下块茎的高产作物，喜温怕涝，喜疏松土壤。开封市在沙地采用起垄方式种植红薯收成良好，但大面积种植红薯加剧了当地的风沙活动。某农业公司采用"冬小麦—红薯"两茬轮作的保护性耕作模式，很好地抑制了风沙活动。

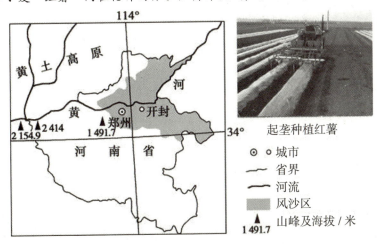

起垄种植红薯

◎ ○　城市
———　省界
———　河流
　　　风沙区
▲　山峰及海拔/米
1 491.7

（1）分析黄泛平原风沙区沙多的自然原因。

（2）分析开封沙岗地起垄种植为何有利于红薯生长。

（3）分析红薯种植加剧开封风沙活动的原因。

参考答案

【练习1】

（1）增加土层厚度，提高土温；便于雨季排水。

（2）蒸发较强，土壤湿度较小；暴雨频率较高，导致土层较薄。

（3）植被覆盖率提高，地表热容量增大；冬春季风力削弱，导致冬半年气温和土温较高，出现极端低温的概率减少。

【练习2】

（1）黄土高原水土流失严重，黄河输沙量大；该区域地势平坦，夏季多暴雨，历史上黄河多次决口，泛滥成灾，大量泥沙堆积地表。

（2）沙地土壤疏松、透气性良好；岗地利于排水，不易发生涝灾；起垄种植可加厚土层，且更易排水。

（3）开封冬半年气候寒冷，不适宜喜温的红薯生长，只种植红薯会导致冬春季土地裸露；春季红薯种植前需要翻土起垄，导致土层更疏松。

笔记（提取试题其他思维模板）

微专题 20　果实套袋

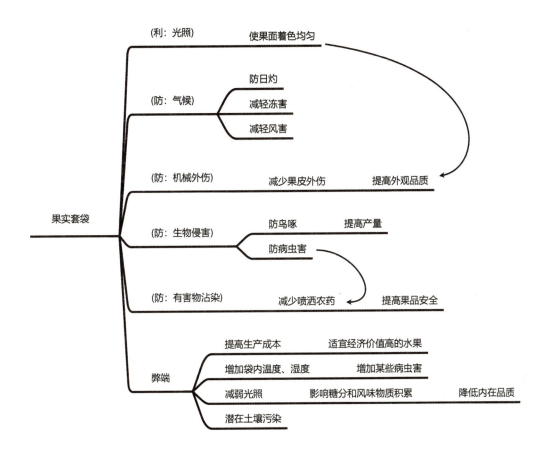

【练习1】

阅读图文材料，回答下列问题。

福建省云霄县背山面海，种植枇杷的条件优越，枇杷产量大、品质好，2001 年获"中国枇杷之乡"的美誉。云霄枇杷树根系浅，枝繁叶茂，性喜温暖，花期在 11 — 12 月，冬季低温会影响开花结果；果实转熟期，其表面易受强日照灼伤；枇杷果皮薄嫩，果肉柔软多汁，不易储存，鲜果上市期短。枇杷套袋技术（果农把枇杷幼果装入特制纸袋）、枇杷与茶叶间种技术得到广泛推广。每年 3 — 4 月间，当地举办以"浪漫云霄、欢乐采摘"为中心的枇杷节。下图示意云霄县位置范围。

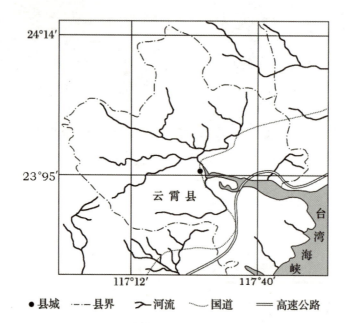

●县城 ——县界 ⸶河流 ····国道 ══高速公路

（1）云霄县是我国枇杷越冬条件最好的地区之一。分析该县枇杷越冬条件好的原因。

（2）风害是影响云霄县枇杷生产的主要自然灾害。分析该县夏秋季节枇杷树容易受到风害的原因。

（3）简述果农把枇杷幼果装入特制纸袋对实现枇杷高产增收的作用。

（4）请在下列两个问题中，选择其中一个问题作答。
问题①：说明云霄县举办枇杷节对促进枇杷产业发展的有利影响。
问题②：说明云霄县推广枇杷与茶叶间种的好处。

【练习 2】

阅读图文材料,回答下列问题。

波兰地处欧洲平原中部,气候温和,土壤非常适宜苹果树的生长,其苹果栽植历史悠久,目前已实现施肥、疏花、修剪、采摘、包装等的机械化操作。苹果生长全程不套袋,不打农药。传统技术与现代科技相结合,再加上欧盟的检验检疫标准,波兰出产的苹果安全、品种多样且口感极好。波兰年产苹果超过 400 万吨,80% 用于出口,是全球苹果出口大国之一。2014 年以来,受欧盟与俄罗斯贸易战影响,波兰失掉了俄罗斯这个主要的出口市场,苹果出口量迅速下跌。2016 年 11 月,波兰苹果开始了中国之旅。下图示意波兰与中国之间的交通线。

(1)分析波兰成为世界上最大苹果出口国的原因。

(2)苹果套袋栽培可以减少病虫害,提高外观质量,但也产生了负面影响。请简述苹果套袋栽培的弊端。

(3)简析当前波兰苹果出口到中国的三条运输线路各自的缺点。

（4）面对波兰苹果的大量进口，指出为促进我国苹果产业发展可采取的措施。

参考答案

【练习 1】

（1）纬度较低，太阳辐射较强；临近海洋，冬季气温受海洋增温调节作用影响；（北、西、南）三面环山，冬季受寒潮（强冷空气）的影响小；背风坡气流下沉（焚风效应）产生增温作用。

（2）枇杷树根系浅且枝繁叶茂，抗风能力差；夏秋季节多台风；背山面海向东南开口的（马蹄形）地形，与夏秋季东南风风向一致，（地形产生狭管效应）加剧了风势。

（3）枇杷果皮薄嫩，套袋可以减少果皮外伤，防止果实被强日照灼伤，使果实保持良好的外观；套袋能有效地防止低温的影响；可以防止鸟啄果实和病虫害（减轻农药污染），有利于提高枇杷产量和品质。

（4）问题①：提高品牌知名度；扩大销售市场，降低销售成本。

问题②：提高土地利用率，增加果农收入；降低因产量和市场波动带来的风险；有利于保持水土。

【练习 2】

（1）自然条件优越，种植技术和管理水平高，苹果品种多样，产量大，苹果的品质高；国内人口少，消费量小；临近欧洲西部和俄罗斯等地，国外市场广阔；对外交通便利，便于苹果的出口。

（2）削弱光合作用，减少糖分积累，口感下降；生产成本上升；废弃的套袋造成环境污染。

（3）海运速度慢，运输时间长；传统通道主要经过俄罗斯境内，受贸易战影响，波兰苹果可能被禁运；蓉欧快铁经过多个国家，易受到国际关系的影响。

（4）提高机械化水平，降低生产成本；采用先进的种植和管理技术，提高苹果品质；将苹果进行深加工，延长产业链，提高附加值；打造优质苹果品牌，提高市场竞争力。

笔记（提取试题其他思维模板）

微专题 21　地膜

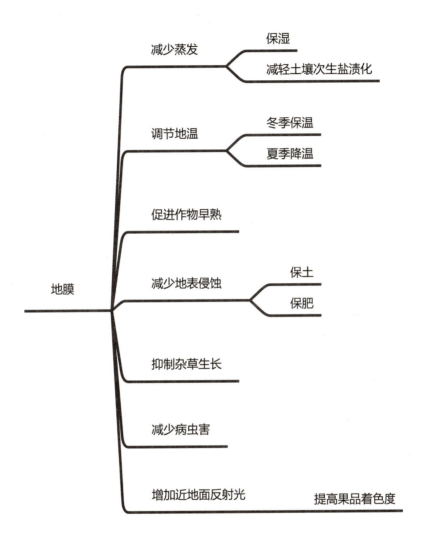

阅读图文材料，回答下列问题。

甘肃定西是黄土高原上典型的苦瘠之地，但马铃薯产量在全国地级市中排名第一，且个大质优、口感醇香。当地马铃薯4—5月播种，9—10月采收。采用黑色地膜全膜覆盖栽培并与豌豆套种的方式耕作。不少农户将收获后的马铃薯窖藏，地窖避光且温度、湿度适宜，可有效避免马铃薯发芽或干枯。定西市政府曾提出打造"中国薯都"的目标，但遇到了来自内蒙古东部乌兰察布市的强力竞争。图为定西与乌兰察布地理位置示意图。

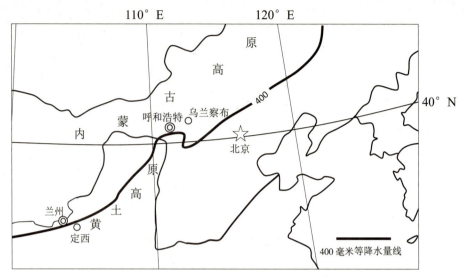

（1）简述适宜马铃薯生长的气候条件。

（2）分析定西马铃薯种植采用黑色地膜全膜覆盖栽培并与豌豆套种的原因。

（3）分析定西马铃薯常用窖藏并用水反复打湿地窖的地面和墙壁的原因。

（4）与乌兰察布相比，分析定西竞争"中国薯都"的劣势。

【练习 2】

阅读材料，回答问题。

在我国北方旱作农业区，地膜覆盖技术能使农作物产量提高 30% 左右。但是，地膜使用过程中受光照、大风、耕作等因素影响容易破碎，大多废弃于田间。

试分析地膜对北方旱作农业区土壤环境的影响。

参考答案

【练习 1】

（1）喜温凉，湿润，光照足，昼夜温差大。

（2）年均温低，生长期短，地膜覆盖有利于提高地温；蒸发量大，地膜覆盖有利于减少蒸发，保持土壤水分；黑色地膜透光性差，有利于抑制杂草生长。套种豌豆，增加植被覆盖率，减轻水土流失；增加农产品种类，提高经济效益（提高土壤利用率）；豌豆有固氮作用，提高土壤肥力。

（3）地窖中光线弱，避免马铃薯发芽；地窖内温差小，利于保持适当温度，延长存储时间；反复打湿地窖的地面和墙壁，保持湿度，有利于窖内马铃薯水分存储，保证其品质。

（4）地势相对崎岖，种植土地分散，不利于大规模机械化生产；所处地区经济发展水平较低，交通条件差；距离人口密集区远，产品运输成本高。

【练习 2】

有利：利于热量的保存，提高土壤温度；减少地面蒸发，改善土壤水分条件，保土（减少土壤侵蚀）。不利：残留地膜污染土壤；阻碍土壤水肥运移，土壤肥力下降。

笔记（提取试题其他思维模板）

微专题 22　覆草

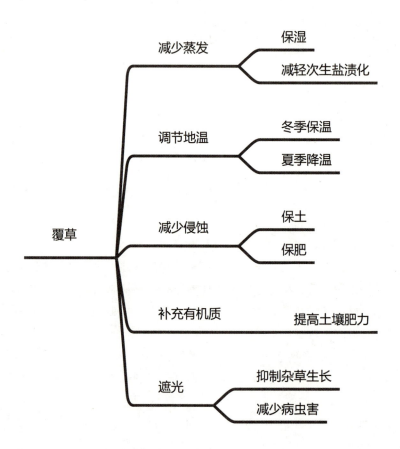

阅读图文材料，回答下列问题。

材料一： 北方果农利用农家有机材料，如麦秸、稻草、玉米秆、杂草等有机物质，覆盖于树盘、树行（一行行果树）或全果园。覆盖厚度在 15～20 厘米，一般连续覆盖 3—4 年为一个周期。每年将腐烂的物质埋入果园地，然后继续覆盖上述有机物质，但覆盖时应避开 2—3 月份。

材料二：某区域气候条件如下。

	年平均气温/℃	年降水量/毫米	年日照时数/小时	夏季平均气温/℃
B产区	9～11			25.5
A产区	12～14			26
最适宜区	8～12	560～750	> 2 500	19～23

材料三：某区域年日照时数及苹果产地图如下。

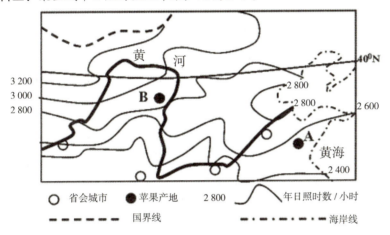

（1）分析 A、B 两地年太阳日照时数差异的原因，并从气候角度比较两地苹果种植条件的优势和劣势。

（2）要建苹果汁加工企业，A 地相对 B 地的优势区位有哪些？

（3）为什么覆草应该避开 2—3 月份？果农在果园覆草对果树生长有哪些有利的影响？

【练习2】

阅读图文材料，回答下列问题。

法国是我国葡萄酒主要进口国，我国优质高档的葡萄酒主要来自该国。下图甲区域为法国优质葡萄主产区，世界上酒精度最高的优质葡萄酒就是使用该地区所产的葡萄酿制而成的。为了改善该地区葡萄生长条件，夏季要适当在地面覆盖稻草，同时该地区很重视生物技术防治病虫害。

（1）分析甲地区所产葡萄品质优良的原因。

（2）说出夏季地面覆盖稻草所起的作用。

（3）说出西班牙葡萄酒出口的主要特征，并推测其原因。

（4）简述西班牙为提高葡萄酒在我国市场的竞争力可采取的有效措施。

参考答案

【练习 1】

（1）B 地日照时数多的原因：降水较少，晴朗天气日数多；B 地海拔相对较高，日照时间长。B 地在年均气温、夏季平均气温方面更接近最适宜区温度，且年日照时数长，较 A 地日温差大，苹果生产条件整体上优于 A 地。劣势是 B 地降水偏少。

（2）交通便利，靠近国际市场，产品运输成本低；沿海地区临近港口，便于产品出口国外市场；生产技术先进，资金相对充足。

（3）2—3 月份覆草会影响地温回升。有利影响：①夏季保湿，冬季保温；②改善土壤理化性状，提高土壤肥力；③防止杂草生长，减轻病虫害。

【练习 2】

（1）有利条件：夏季光热充足，昼夜温差大，利于葡萄生长；冬季温暖，利于葡萄越冬。不利条件：降水季节分配不均，旱涝灾害频发；冬季温暖，病虫害多发。

（2）减少水分蒸发，抑制杂草生长，防止土壤板结，增加土壤肥力。

笔记（提取试题其他思维模板）

微专题 23　覆砂砾

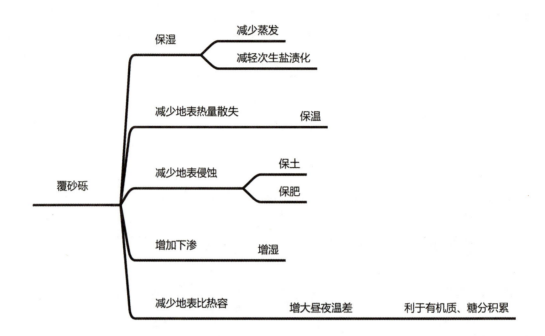

阅读图文材料，回答下列问题。

甲地为宁夏中卫市，系我国最大的硒砂瓜种植基地。该地区硒砂瓜富含多种氨基酸和硒、锌、钙、钾等对人体健康有益的微量元素。硒砂瓜个大、瓤红、汁甜，被国家绿色食品发展中心认证为 A 级绿色食品，当地农民创造出了"压砂种瓜"这一节水保墒的旱作农业种植模式，即在土地上压上一层砂砾，铺上一层薄膜，瓜苗就从石头缝里"蹦"出来，有效地提高了瓜的质量和产量。

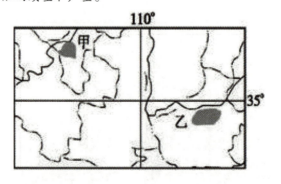

（1）分析甲地种植硒砂瓜的有利自然条件。

（2）分析甲地地表砂砾对当地西瓜生长的有利影响。

（3）分析甲地农民采用的薄膜覆盖技术对硒砂瓜生长过程的影响。

【练习2】

阅读图文材料，回答下列问题。

西瓜是喜热好光作物，成熟期需要有10～12小时的长日照和较低的空气湿度，以日温27—30℃、夜温15—18℃为宜。环香山位于宁夏中西部干旱山区，平均海拔1 700米以上，年雨量不足200毫米，而蒸发量可达2 000毫米。这里人口密度每平方千米不足10人，周围地区自然生态环境本底好，当地农民利用沉积在山麓斜坡上的砂砾石铺压在耕地上形成的"人造戈壁"种植西瓜（俗称"压砂西瓜"），所产西瓜因具有体大皮厚质硬、肉红汁多、甘甜爽口、营养丰富、保鲜期长的特点，被认定为国家地理标志保护产品。当地98%以上的砂地均用来种植压砂西瓜，产品旺销全国，远销海外，当地村民经济收入97%来自于压砂西瓜的种植。

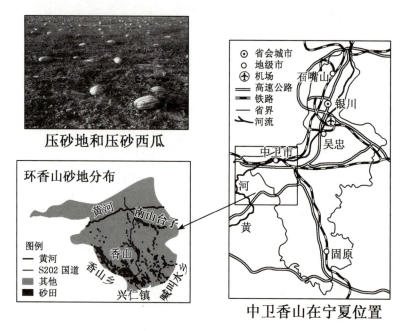

压砂地和压砂西瓜

环香山砂地分布

图例
— 黄河
— S202 国道
▨ 其他
■ 砂田

中卫香山在宁夏位置

（1）分析环香山地区有利于西瓜种植的气候条件。

（2）说明"人造戈壁"对保护和改善西瓜生长环境的作用。

（3）分析压砂西瓜旺销全国甚至远销海外的原因。

（4）你是否赞同继续在环香山地区做大做强西瓜产业。请表明态度并说明理由。

参考答案

【练习1】

（1）地处中纬度内陆地区，昼夜温差大，光照强；靠近河流，灌溉水源充足；土壤肥沃，富含硒等微量元素；地处河谷地带，地势平坦；等等。

（2）砂砾能增加昼夜温差，有利于西瓜糖分的积累；砂砾可以减少水分蒸发，增加水分下渗，保持土壤水分。

（3）覆盖薄膜可以减少土壤水分蒸发，长期保持土壤湿润，有利于克服当地干旱气候条件对硒砂瓜生长的不利影响；覆盖薄膜也可以减少土壤热量损失，提高地温，有利于硒砂瓜快速生长。

【练习2】

（1）环香山地区地处内陆，属典型干旱型温带大陆性气候，夏季气温高，热量条件好；晴天天气多，光照充足，昼夜温差大，有利于西瓜生长。

（2）①砂砾石雨天有利于雨水下渗，晴天可有效减少蒸发，有利于保持土壤水分；②砂砾石覆盖层增加了地面的粗糙度，可减弱风力和水力对土壤的侵蚀作用，有利于保持水土；③砂砾石比热容小，白天受到太阳辐射增温快，夜间降温也快，加大了地表附近的气温日较差，利于葡萄的糖分积累；④夜间降温有利于大气中水汽的凝结，改善土壤水分状况。

（3）压砂西瓜肉红汁多、甘甜爽口、营养丰富，且绿色无污染，品质优异，是国家地理标志产品；压砂西瓜皮厚质硬，抗压，保鲜期长，便于长距离运输；西瓜产地有高速公路和铁路通过，交通方便。

（4）赞成：①香山地区的自然条件特别适合西瓜种植，单位面积收益比种植其他作物高；②香山地区西瓜品质好，品牌知名度高，有很高的市场占有率；③西瓜种植很好地解决了当地农民的就业、增收、脱贫的问题。

不赞成：①北方地区西瓜成熟期短，若种植比例过大，导致西瓜上市时间集中，市场出现暂时的供大于求，影响经济收益；②压砂西瓜是大果型的西瓜品种，随着城市家庭小型化，近年来小果型西瓜的需求量和市场占有量不断增加，而大果型西瓜市场需求量在下降；③有来自周边环境相似区域（新疆、甘肃、陕西等）的竞争压力，市场形势严峻；④进一步发展西瓜种植业会受到水源不足的限制；⑤该地区降水少且变率大，干旱或暴雨天气有可能造成西瓜的减产甚至绝收。

笔记（提取试题其他思维模板）

微专题 24　气雾栽培

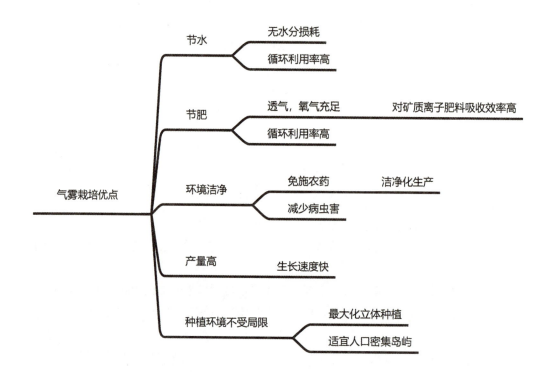

【练习】

阅读图文材料，回答下列问题。

气雾栽培是一种新型的栽培方式，将作物悬挂在一个密闭的栽培装置（槽、箱或床）中，根系裸露在栽培装置内部，营养液通过喷雾装置雾化后喷射到根系的表面。

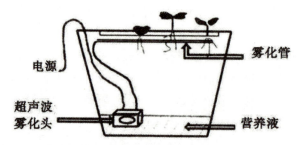

（1）相对于水培（将植物根系直接浸在营养液中），气雾栽培主要改良的是（　　）。

A. 光照条件　　　　　　　　B. 热量条件

C. 养分状况　　　　　　　　D. 透气状况

（2）与传统的土壤栽培相比，采用气雾栽培的优势有（　　）。

①节水、节肥 ②减少投入 ③减少病虫害 ④提高产量

A. ①②③　　　　　　　　B. ②③④

C. ①②④　　　　　　　　D. ①③④

（3）从水资源供需矛盾的角度看，下列地区中最适宜推广该技术的是（　　）。

A. 极地寒冷地区　　　　　B. 人口密集的岛屿

C. 青藏高寒地区　　　　　D. 人烟稀少的沙漠

参考答案

【练习】

（1）D。相对于将植物根系直接浸在营养液中的水培，气雾栽培是将营养液通过喷雾装置雾化后喷射到根系的表面，根系裸露在空气中，主要改良的是透气状况。气雾栽培的光照、热量条件与水培相似。水培的植物根系直接浸在营养液中，养分比气雾栽培还要丰富。

（2）D。与传统的土壤栽培相比，气雾栽培将雾化后的营养液直接喷射到植物根系表面，且栽培装置是密闭的，可减少浪费，有节水、节肥的优势。营养液雾化设备及其使用会增加投入。栽培装置是密闭的，减少了植物的病虫滋生与传播感染，减少病虫害。气雾栽培可加快植物生长速度，提高作物产量。

（3）B。气雾栽培方式能节水、节肥，提高作物产量。人口密集的小岛，水资源需求量大，地表水短缺，因此从水资源供需矛盾的角度看，最适宜推广此技术。极地寒冷地区、青藏高寒地区、人烟稀少的沙漠虽然水资源少，但人口稀少，水资源需求量小，供需矛盾小。

笔记（提取试题其他思维模板）

微专题 25 温室大棚

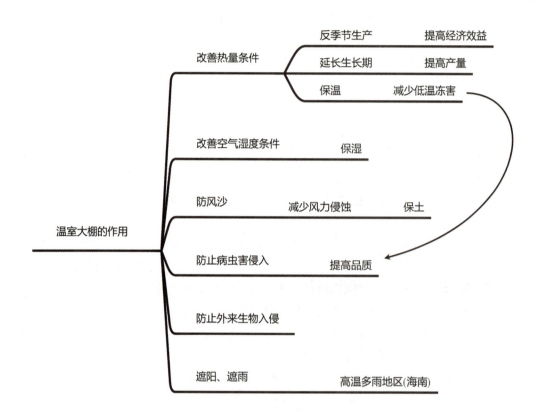

【练习1】

阅读图文材料，回答下列问题。

西班牙是欧洲发达国家中发展水平相对较低的国家。西班牙阿尔梅里亚省（位置见图a）的甲地附近干旱少雨。1956年当地勘探到深层地下水后，灌溉农业得到发展。1971年引入滴灌技术，日光温室（不需人工增温）快速普及，生产的蔬菜、瓜果等农产品出口量大增，主要出口西班牙以北的欧洲发达国家。20世纪90年代以后，甲地温室农业进入集温室安装维护、良种培育与供应、产品销售、物流等为一体的集群式发展阶段，产品出口量加速增长。图b示意甲地最低气温和降水量的年内变化。

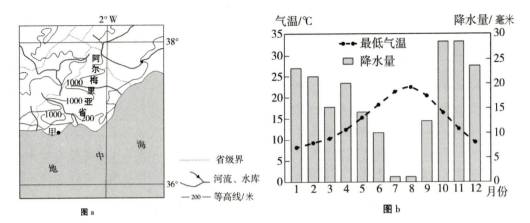

图 a　　　　　　　　　　　　图 b

（1）从气候角度分析甲地普及日光温室的原因。

（2）分析 20 世纪 70—80 年代甲地温室生产的农产品出口西班牙以北欧洲发达国家的优势条件。

（3）分析甲地温室农业集群式发展对提高农产品出口竞争力的作用。

（4）你是否赞同在甲地扩大温室农业生产规模？请表明态度并说明理由。

【练习2】

阅读图文材料，回答下列问题。

雅江县曾是国家级藏族贫困县，牙衣河乡位于雅江县南部，地形以高山河谷为主，植被具有森林—灌木—草甸的地域分异规律。为响应国家"精准扶贫"政策，当地政府以财政补贴、技术指导的形式积极向农户推广日光温室（不需人工增温）项目，建成的日光温室规模均很小且设施简陋，所产蔬菜以自给为主。由于增强采光是建造日光温室的关键性技术，该地日光温室建造设计方案均选择坐北朝南、东西延展，并保持西偏北8° 左右的角度。图c示意该地日光温室设计图，其两侧和背面为砖石墙体，前侧弧形斜坡面为薄膜等透光材料。

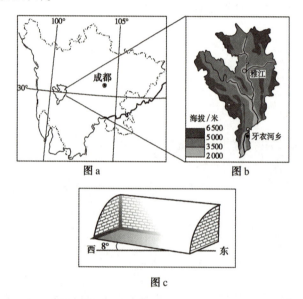

图a   图b

图c

（1）解释"增强采光是建造日光温室的关键性技术"的原因，并说明上述建造设计方案有利于增强该地采光的理由。

（2）分析该地日光温室生产的蔬菜以自给为主的原因。

（3）有人认为日光温室项目对促进牙衣河乡农业发展和农户脱贫的作用不大。请你依据牙衣河乡的地形和气候条件，提出促进当地农业发展、农户增收的可行性措施。

参考答案

【练习 1】

（1）地处地中海沿岸，冬季温和（最冷月最低气温为 8℃左右），日光温室可满足蔬菜、瓜果生长需要；当地干旱少雨，日光温室可减少蒸发，提高水资源利用效率。

（2）蔬菜、瓜果成熟早，可反季节供应；冬季气候温和，温室设备简单，不需要加温，生产成本低；劳动力价格相对低廉。

（3）有利于新品种、新技术的推广，保持产品质量优势；能及时维护和更新各种设施、设备，保证生产的稳定和供应的连续；完善的销售网络与现代物流业能将农产品快速运达市场。

（4）赞同。理由：当地气候条件适合，温室农业技术基础好，有一定发展空间；经济效益高，增加就业，可带动相关产业发展等。

不赞同。理由：沿海平原土地有限，地表水资源缺乏，扩大生产规模将会增加水资源、土地资源供给压力；过度开采地下水，可能导致海水入侵等环境问题。

【练习 2】

（1）太阳辐射是维持日光温室温度的最重要能量来源，是作物进行光合作用的唯一光源。该地位于北回归线以北，坐北朝南有利于日光照射；东西延展可增加采光面积；西偏北 8°左右的角度有利于延长午后接收光照的时间。

（2）蔬菜产量低、品质差；当地消费能力低；藏族居民对蔬菜需求量小；其周边地区自然条件优越，对该地蔬菜需求少；推广日光温室的主要目的是解决贫困农户的蔬菜冬季供应难题；该地山高谷深，对外交通不便。

（3）在河谷地区发展晚熟水果种植业；在草甸地区发展生态畜牧业，并引入企业对畜产品进行深加工，延长产业链，增加产品附加值；发展特色林副产品采集业。

笔记（提取试题其他思维模板）

微专题 26　病虫害

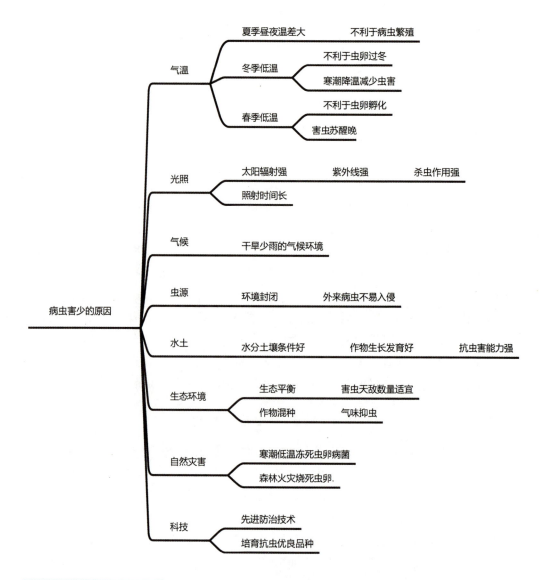

【练习1】

阅读图文材料，回答下列问题。

中国有句俗语："樱桃好吃树难栽。"车厘子是产于美洲的大樱桃，夏季成熟，喜光、喜温而不耐寒、不抗旱，也不耐涝和盐碱，抵御病虫害的能力较低，适宜生长在土质疏松、土层深厚的沙壤土。智利以盛产质优价廉的车厘子而著称于世。得天独厚的位置和相对封闭的环境使智利的车厘子很少受到病虫害，尤其是外来病虫害的侵袭。下图示意车厘子产区。

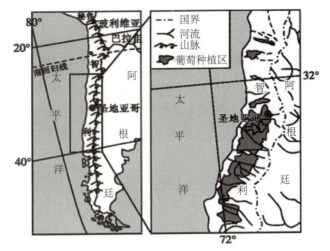

（1）分析图示车厘子产区病虫害少的自然原因。

（2）该地土壤中适宜的水分条件对车厘子生长非常有利，试分析其水分条件好的原因。

（3）2018 年春节期间，智利车厘子在我国市场旺销，试分析其原因。

（4）说明若图示产区大规模扩大种植面积，对车厘子生产的不利影响。

【练习2】

阅读图文材料,回答下列问题。

建三江位于三江平原腹地,于1957年开始垦荒,目前面积1.24万平方千米,人口20多万,这里空气清新,水源丰富且水质优良,土壤肥沃。近年来,建三江重点种植水稻,有"中国绿色米都"之称。建三江采用现代技术科学生产,如定点监测土壤肥力并精准施肥。下图示意建三江的位置和范围。

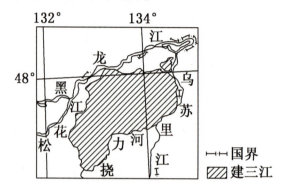

(1)分析三江平原环境质量优良的原因。

(2)分析建三江农作物病虫害较少的气候原因。

(3)简述建三江水稻种植过程中化肥施用量较少的原因。

（4）建三江被称为"中国绿色米都"，请说明建三江获此美誉的理由。

参考答案

【练习1】

（1）东部有高大山脉，西部为浩瀚海洋，北部为干旱沙漠，环境封闭性较好；地处地中海气候区，夏季炎热干燥；天气晴朗，紫外线强。

（2）有冰雪融水和河流水作为灌溉水源，土壤水分条件好；位于山麓地带，且土质疏松，利于排水。

（3）智利车厘子味道鲜美，品质优良，产量和出口量大；与北半球水果上市期错开，形成独特的市场竞争优势；相对于发达国家的车厘子，生产成本较低，价格较低；冷藏保鲜技术的进步及交通运输业（专业冷藏船及空运）的发展延长了鲜果保鲜期；我国消费水平提高，市场需求量增大。

（4）该地夏季降水较少，大面积引水灌溉造成部分产区灌溉水源不足；盲目扩大车厘子种植面积，可能导致某些地形、土壤等条件不够适宜的地区也有种植，影响车厘子的品质，导致生态环境恶化。

【练习2】

（1）开垦历史短，人类对环境的影响较弱；地广人稀，工矿业、城镇、交通车辆等较少，人类活动排放的废弃物（废气、废水、废渣）等较少，环境污染较轻。

（2）纬度高（48°N附近），冬季寒冷而漫长，害虫（虫卵）不易越冬；夏季气温日较差大，日低温较低，不利于害虫生存和繁殖。

（3）土壤肥沃（肥力高）；精准施肥，控制施肥量。

（4）环境质量优良（污染少）；化肥、农药施用量少，生产绿色稻米；生产技术先进，具有示范作用；生产规模大；单位面积产量高，总产量大；商品率高；等等。

笔记（提取试题其他思维模板）

微专题 27 盐碱（渍）化

考点 1 盐碱（渍）化的原因

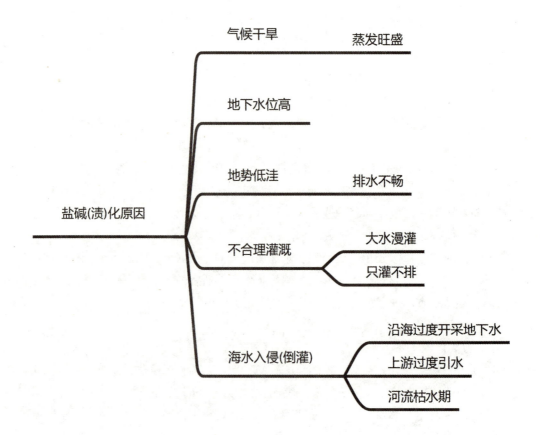

阅读图文材料，回答下列问题。

台州湾两岸滩涂宽广平缓，近 30 年来经历过多次较大规模的围垦。下图为台州湾部分围垦区位置示意图。为解决围垦区土地盐碱化问题，当地农民在耕作区每隔 10 米开挖横向排水沟渠，并于两侧筑土墩抬高作物种植地面。

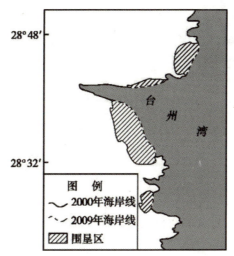

（1）分析在台州湾沿岸进行围垦的自然原因。

（2）分析围垦区土地盐碱化严重的自然原因。

（3）分析围垦区域"开沟渠,高筑墩"对减轻土地盐碱化的作用。

考点 2　盐碱（渍）化的治理措施

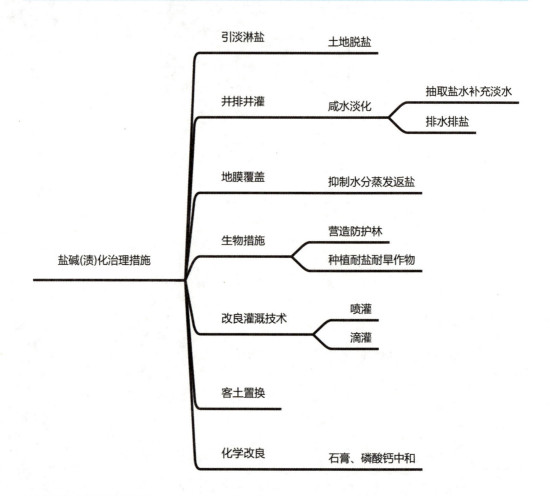

【练习 2】

阅读材料，回答问题。

农用大棚长期处于封闭或半封闭状态。随着使用年限的增加，我国北方不少大棚内土壤次生盐渍化逐渐显现，影响作物产量和品质。其原因主要有灌溉水含盐量高、过量施用化肥等。

请提出治理大棚土壤次生盐渍化的合理建议。

【练习 3】

阅读图文材料，回答下列问题。

冰菜属于多肉植物，原产于非洲，喜光、耐旱、耐盐碱，畏寒忌水涝，是一种口感好且具有较高营养价值的高端蔬菜。冰菜富含盐分，不易遭受虫害，成熟后每隔 3～4 天菜叶就可采摘一次，在冰菜种植期内常需要定时补充盐分。冰菜如下图所示。

2014 年，海南文昌市罗豆农场遭受台风袭击，海水倒灌导致部分良田变成了盐渍地。当地随后开始"海水倒灌农田改良"项目，最初选择种植新西兰菠菜等耐盐的短日照蔬菜，但出苗后不久就开花，经济效益很低。后来改种冰菜，经济效益可观。

（1）从气候角度分析当地种植新西兰菠菜经济效益差的原因。

（2）根据水循环原理，说明罗豆农场种植冰菜需要补盐的原因。

（3）指出种植冰菜的主要经济效益。

（4）我国西北地区盐碱化土地面积广，有人建议可大力推广冰菜种植，改良盐碱地，你是否赞成这一建议？请说明理由。

参考答案

【练习1】

（1）台州湾沿岸滩涂广布，水域浅，围垦工程量小，成本低；滩涂淤沙丰富，用以填海围垦的物料资源充足。

（2）地势低平；滩涂受海水倒灌影响大；地下水易受海水回灌影响，滩涂区含盐地下水埋藏浅。

（3）开沟渠：利于排水排盐。高筑墩：增强地表排水排盐能力，减少地下水对地表盐度影响；减少作物根部与地下水的接触，防止含盐地下水对根系发育的影响。

【练习2】

减少化肥施用量、增施有机肥；利用淡水灌溉淋溶（洗）；夏季时去掉棚膜，利用雨水淋溶（洗）；客土置换。

【练习3】

（1）海南纬度较低，太阳辐射强气温高（水热充足），不利于短日照植物的生长；植物生长过快，蔬菜容易老，品质较差。

（2）降水量大；大量地表径流、地下径流（及地表水下渗过程中）带走土壤中的盐分，稀释土壤盐水；部分盐分通过蒸腾作用进入冰菜，被冰菜叶片吸收，多次采摘冰菜导致土壤中的盐分减少。

（3）可利用盐渍地，土地成本低（减少抛荒浪费土地）；冰菜病虫害少，使用农药较少（管理简单），生产成本较低；属于绿色蔬菜；冰菜属于高端荠菜（口感较好，营养价值高），具有较高的经济价值。

（4）赞成：冰菜种植经济价值与生态价值并重；投入较小，经济效益较高；又可改良盐碱地，增加盐碱地的植被覆盖度，改善生态环境。

不赞成：冰菜市场有限，大力推广冰菜种植易导致滞销，损害农民经济利益；西北地区远离经济发达地区，冰菜运输成本较高，影响经济价值；西北地区水资源紧张，大力推广冰菜种植可能会过度消耗水资源。

笔记（提取试题其他思维模板）

微专题 28　土壤肥力

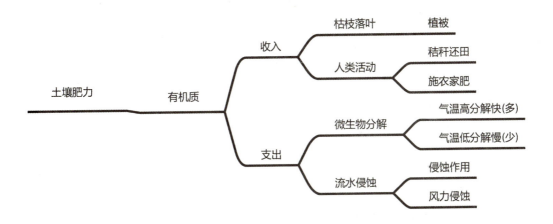

【练习1】

阅读图文材料，回答下列问题。

土壤是由矿物质（风化壳或风化堆积物，风化形成的土壤固体颗粒）、有机质（包括动植物残体、微生物体以及由分解产物合成的腐殖质等）、水分、空气组成。

塔斯马尼亚有"世界最纯净岛屿"之称，是著名的"苹果之岛"。塔斯马尼亚岛上植被茂密，土壤肥沃，果蝇少，苹果种植环境绝佳，苹果园和农场多分布于谷地排水较好地带。优美的自然风光和良好的生态环境吸引了大批游客。研究显示，近几年塔斯马尼亚岛的土壤厚度不断变薄，对苹果的生长开始产生不利的影响。下图示意塔斯玛尼岛位置。

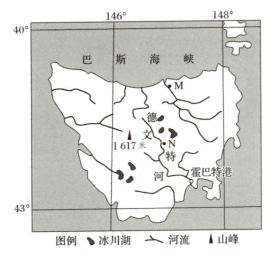

（1）比较 M、N 两地土层厚度及土壤肥力的差异并分析形成原因。

（2）从土壤的角度，说明塔斯马尼亚岛苹果质优的原因。

（3）分析该岛土层变薄对苹果生长的不利影响。

（4）从可持续发展的角度，请在以下两个问题中选择一个作答。
①说明当地如何保护土壤。②说明该岛产业发展的方向。

【练习2】

阅读图文材料，回答下列问题。

土壤肥力是指土壤能同时并不断地供应和调节植物在生长过程中所需要的水分、养分、空气和热量的能力。中国东北黑土地是发育于冲积—洪积物、砂质风积物等成土母质，有黑色腐殖质表土层的土壤，这类土壤颗粒较细、性状好、肥力高，是适宜农耕的优质土地。中国的黑土地主要分布在东北平原，行政区域涉及辽宁、吉林、黑龙江以及内蒙古东部的部分地区。但自 20 世纪 50 年代大规模开垦以来，东北黑土区逐渐由林草自然生态系统演变为人工农田生态系统。由于长期的高强度利用，加之土壤侵蚀，东北黑土区由"生态功能区"逐渐变成了"生态脆弱区"，严重影响东北地区农业的可持续发展。下图是东北黑土地开垦后有机质变化图。

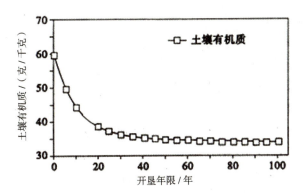

（1）简析东北黑土地腐殖质表土层形成的气候条件。

（2）推断黑土颗粒较细、均匀一致的原因。

（3）分析黑土开垦后土壤有机质的变化过程及原因。

（4）下列黑土保护措施中，请选择一例说明其提高土壤肥力的原理。

①大豆—玉米轮作。②秸秆免耕覆盖还田。

参考答案

【练习1】

（1）差异：M地土层厚度大于N地，且土壤肥力高于N地。

原因：M地位于河流下游，流水沉积作用明显，土壤厚度大，肥力高；M地纬度及海拔比N地低，且位于向阳坡和迎风坡，水热条件更优越，植被生长更为茂盛，有机质来源更加丰富。

（2）土壤中有机质丰富，施加的化肥少；土壤中富含矿物质，适宜苹果生长；水源和空气洁净，土壤污染小；病虫害少，施加农药少，对土壤的污染小。

（3）土层变薄，土壤肥力下降，使苹果产量减少；土壤中有利于苹果生长的养分流失，有可能导致苹果品质的下降。

（4）①保护土壤：保护岛上植被，减少流水对土壤的侵蚀；控制苹果种植的规模和密度，保持土壤肥力；合理控制游客数量，减少游客对土层的踩踏和剥蚀；对已破坏的土层，进行人工修复；加强宣传和教育，提高人们保护土壤生态的意识。

②产业发展的方向：利用科技，进一步提升苹果的产量和质量；发展苹果精加工和深加工，延长产业链，取得经济效益；树立品牌意识，创新销售方式，扩大市场规模；改善和优化生态环境；完善基础设施，合理开发旅游资源。

【练习2】

（1）东北黑土地地处中纬度，属温带季风气候；夏季温暖湿润，生长季雨热同期，形成了茂密的草原和森林植被；秋冬落叶，枯枝落叶在土壤中积聚；冬季漫长，气候寒冷，微生物活动受到抑制，土壤中有机物质积累大于分解，进而形成了腐殖质表土层。

（2）黑土地主要分布在东北平原，地形平坦，地表多流水或风力沉积物。成土母质的颗粒大小决定土壤的性状，以流水或风力沉积物为主的成土母质颗粒较细且均匀。

（3）黑土开垦初期，土壤有机质快速下降；黑土开垦后期，土壤有机质下降速度减慢，趋于稳定。黑土地开垦初期农田作物代替了自然植被，作物被收获后进入土壤中的有机质减少，有机质消耗速度快于积累速度，有机质快速下降；黑土开垦后期，土壤中有机质含量较低，有机质的分解速度相应下降，再加上人类施用肥料，使积累和消耗趋于平衡，土壤有机质含量保持稳定。

（4）选择①：大豆—玉米轮作可以降低病虫害的发生，提高作物产量和土壤有机质的含量；大豆根部可以固氮，轮作玉米可以使土壤营养物质富集更加全面，维持土壤养分平衡；可显著改善土壤的结构，提高土壤通水透气的能力。选择②：秸秆免耕覆盖还田是将产自土壤的有机物还田，使土壤有机质含量增加；也可改善土壤的物理结构，使土壤的水、肥、气、热状况向良性转化；还可保护土壤免受风蚀和水蚀，减少黑土流失。

微专题 29　草原围栏

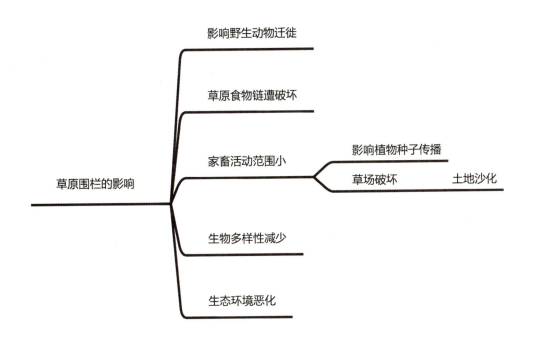

【练习 1】

阅读文字材料，回答下列问题。

草原是我国陆地最重要的自然资源之一，面积将近 4 亿公顷，占全国土地总面积的 40%。自 20 世纪 80 年代开始，为规范草原牧区放牧秩序，陆续对分户到家的草原牧场建设草原围栏（一般高度为 1.2～1.5 米，用铁丝网编织而成，有些围栏上还加有带刺的铁丝），围栏单位面积一般从几千公顷到几万公顷不等，围栏总面积超过 100 万平方千米。近年来，草原围栏对草原生态环境的不利影响日益显现，有些地方已开始拆除围栏。

简述草原围栏对草原野生动物和草场资源可能造成的危害。

【练习 2】

阅读文字材料，回答下列问题。

过去的 1 000 万年里，有蹄类动物始终在和稀树草原一同演化。它们之所以能生生不息，都多亏了一个杰出的特征：机动性。绿色植被随季节变化，数百万计的角马、大羚羊、黑斑羚、赤羚、狷羚、跳羚和许多其他动物也追随它们而迁徙。近年来因为人类竖起的围栏，彻底截断了一些动物的迁徙路线，甚至把几个物种逼到了灭绝的边缘，使非洲草原的标志性迁徙正在消亡，同时动物灭绝与土地退化的悲剧也正在非洲不断上演着。

结合材料分析草原牧区围栏对生态环境的影响。

【练习 3】

阅读文字材料，回答下列问题。

在草原区，为了增加牲畜生产力、减少放牧工作量，人们往往用围栏将部分草原围成家畜放牧场。调查发现，某地草原围栏（高度超过 1 米的铁丝网）对以普氏原羚为代表的有蹄类野生动物的生存产生了不利影响。

说明建设草原围栏对有蹄类野生动物生存的不利影响及解决措施。

参考答案

【练习 1】

影响野生动物迁徙、繁衍；野生动物在迁徙觅食或为了躲避天敌而跳跃时，极易被围栏挂死或刮伤；围栏使家畜活动范围缩小，植物种子传播受到影响，植物种类减少；围栏内草地受牲畜高强度啃食、践踏和排泄物覆盖从而加剧退化；围栏建设施工过程中对草地产生破坏。

【练习 2】

对于迁徙的野生动物构成一道人为的屏障，截断了动物的迁徙路线；草原生态系统的食物链遭到破坏；生物多样性减少；放牧路径单一，牲畜来回踩踏，导致草原斑秃状沙化，草原退化加剧；风沙等自然灾害频发，生态环境进一步恶化。

【练习 3】

不利影响：围栏使栖息地碎片化；跨越（或钻过）围栏时存在生命危险；受围栏阻挡容易被天敌捕食。解决措施：去除围栏，建立自然保护区；改良围栏设计，以便有蹄类野生动物安全通过。

笔记（提取试题其他思维模板）

微专题 30　盐场

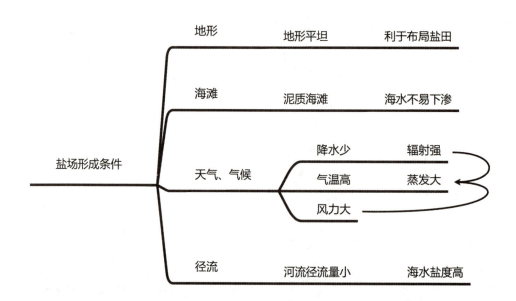

盐场形成条件

- 地形 —— 地形平坦 —— 利于布局盐田
- 海滩 —— 泥质海滩 —— 海水不易下渗
- 天气、气候
  - 降水少 —— 辐射强
  - 气温高 —— 蒸发大
  - 风力大
- 径流 —— 河流径流量小 —— 海水盐度高

【练习1】

阅读图文材料，回答下列问题。

世界上最贵的盐按克来算，产自法国的布列塔尼南岸郎盖德盐场，是全欧洲最北面的海盐厂，有上千年产盐历史，当地独有的自然条件结晶形成天然的海盐，称为"盐之花"。只有在适合的湿气和微风下，盐田表面才会积聚出半透明的盐花晶体。每年3—8月是最佳时期，人工在太阳下山之前采集，一碰到露水就溶解。50克的盐之花，价格高达上千元，堪称盐中的"鱼子酱"。

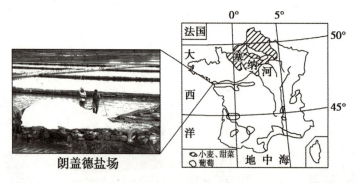

朗盖德盐场

（1）郎盖德盐场成为全欧洲最北的海盐厂，虽然广大西欧、北欧海岸线长而曲折，地形平坦，但却没有海盐厂，试分析其原因。

（2）分析"盐之花"每年3月到8月，太阳下山之前采集的原因。

（3）简述"盐之花"产业可持续发展应该采取的措施。

【练习2】

阅读图文材料，回答下列问题。

位于北疆的艾比湖是准噶尔盆地海拔最低处，为准噶尔盆地西南部地表水和地下水的汇集处。艾比湖平均水深仅1.4米，约2/3水域面积水深小于1米，最深处不足3米。图a为艾比湖流域示意图，图b为艾比湖周边示意图，图c为艾比湖旁边的晒盐田。

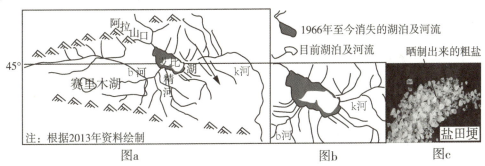

图a　　　　　　　　图b　　　　　　　　图c

（1）简述艾比湖面积缩减速度快的原因。

（2）分析b、k两河河口三角洲位置自1966年至今的变化趋势。

（3）分析艾比湖建盐场的有利自然条件。

参考答案

【练习1】

（1）郎盖德以北的欧洲地区西部大部分是温带海洋性气候区，终年温和湿润，纬度高，蒸发弱；受北大西洋暖流的影响明显，不利于晒盐；斯堪的纳维亚半岛东部波罗的海沿岸属于温带大陆性气候区，虽然在盛行西风的背风坡，但纬度高，蒸发弱；发源于半岛山地的河流都流入波罗的海，海水盐度低，不利于晒盐。

（2）法国的布列塔尼南岸郎盖德盐场位于温带海洋性气候区，终年温和湿润，冬雨稍多，蒸发弱，不利于产盐；3月到8月太阳直射北半球，白昼时间变长，日照时间长，温度高，利于海水蒸发；白天海水蒸发，利于海盐结晶，太阳下山之前达到最大值；晚上大气中水汽冷凝，多雾，"盐之花"遇水即化，不利于收盐；温带海洋性气候区，冬季南北温差大，西风强，夏季才有微风的环境产"盐之花"。

（3）适度扩大生产规模；加强产盐地环境保护，避免海水和盐场污染；利用"盐之花"生产地和生产过程发展旅游业，提高产盐区居民收入；保护品牌；加强宣传；扩大产品知名度。

【练习2】

（1）入湖水量迅速减少；蒸发旺盛（蒸发量远大于降水量）；水浅（湖盆浅宽）；湖底地势开阔平缓。

（2）b河（河口三角洲）：艾比湖水位下降，河流入湖口向湖心延伸，三角洲位置前移。

k河（河口三角洲）：沿途取水剧增导致河流水量锐减，搬运作用显著减弱，三角洲位置后退。

（3）（艾比湖为）内流湖，盐度高；湖边地势平缓，易挖掘盐田；位于西风带，刮风日数多，且位于山口，风力强；地处内陆，太阳辐射强，蒸发旺盛。

微专题 31　沙洲

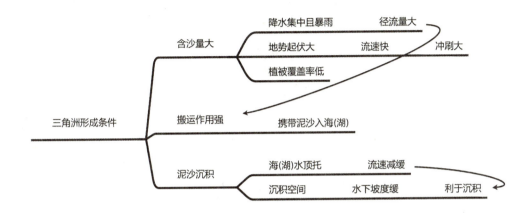

【练习1】

阅读图文材料，回答下列问题。

材料一： 奥卡万戈三角洲是地球上最大的内陆三角洲之一，由奥卡万戈河注入卡拉哈里沙漠而形成。这里随处可见鳄鱼、大象、羚羊、狮子等野生动物，被誉为"大型动物的天然避难所"。2014年，奥卡万戈三角洲入选世界自然遗产名录，每年吸引着不少人前往探险。

材料二： 下图为奥卡万戈及其周边地区区域图。

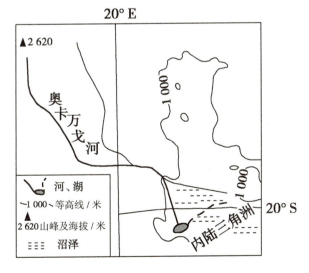

（1）说明该三角洲的形成过程。

（2）分析该三角洲成为"大型动物的天然避难所"的原因。

（3）指出前往该三角洲探险必须携带的个人防护用品。

（4）有人建议奥卡万戈三角洲要大力发展观光旅游业，你是否同意？请说明理由。

【练习2】

阅读图文材料，回答下列问题。

沙洲是由河流中的泥沙沉积而成，河水流速受河流形态影响明显。下图为长江下游南京至镇江段江心洲的分布。A、B、C是科研人员为研究泥沙沉积状况而钻孔的采样点。

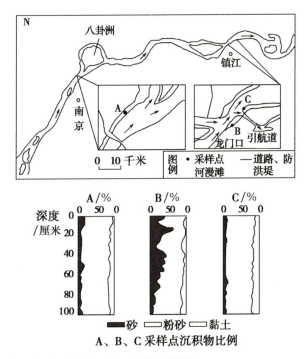

A、B、C采样点沉积物比例

（1）分析图示长江河段形成众多江心洲的原因。

（2）阐述河流中泥沙沉积物粒径大小与流速的关系，并说明形成采样点A、B、C三处沉积物颗粒差异的原因。

参考答案

【练习1】

（1）奥卡万戈河上中游流域地表受流水侵蚀，泥沙进入河流，并通过流水搬运作用流至下游卡拉哈里沙漠北部沼泽地，这里地形平坦，流速减缓，泥沙沉积形成三角洲。

（2）三角洲的邻近地区气候干旱，环境恶劣，不适宜大型动物生存；三角洲地区地域广阔，地形平坦，水源丰富，动植物种类繁多，食物丰富，适合大型动物生存。

（3）防水衣、鞋子、遮阳帽、防晒霜、防中暑药品、驱蚊以及防身用品。

（4）同意。理由：旅游资源独特且丰富，能够带动区域经济发展；带动相关产业发展，增加就业机会等。

不同意。理由：易造成环境污染，破坏生态环境；交通不便，基础设施不完善。

【练习2】

（1）该河段流经长江中下游平原，地势平坦，河水流速缓慢，大量的泥沙沉积。该河段接近长江入海口，海水的顶托作用加强了泥沙的沉积，从而形成了众多江心洲。

（2）河流流速与所携带泥沙颗粒大小呈正相关。流速快的河段，河中沉积物的颗粒粗；流速慢的河段，河中沉积物的颗粒细。A点河道宽，流速缓，受下游八卦洲阻挡流速更缓，因此沉积物颗粒细。B点位于龙门口附近，受两股汇入水流的影响流速快，泥沙沉积颗粒粗。C点受河道变宽和分流渠的影响流速缓慢，沉积物颗粒细。

笔记（提取试题其他思维模板）

微专题 32　天漠

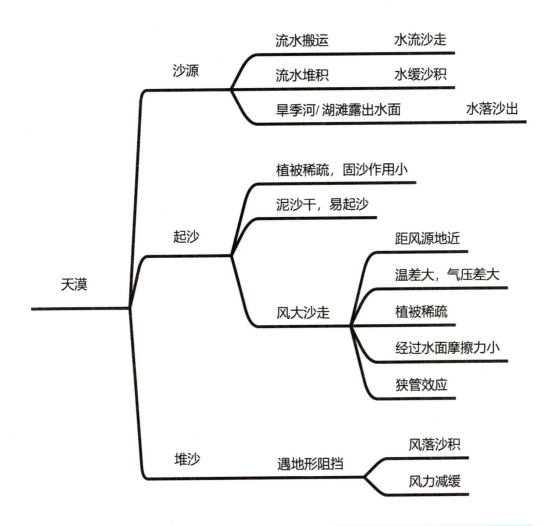

阅读图文材料，回答下列问题。

在湿润和半湿润地区的湖畔、河边和海滨，偶见规模较小的沙丘群，其形成的主要条件为所在地区沙源丰富、多风、植被稀疏。下图所示区域中，M 处发育了规模较小的沙丘群；H 县城附近是著名的风口，冬春季节风力尤为强劲；河流发源于黄土高原地区。

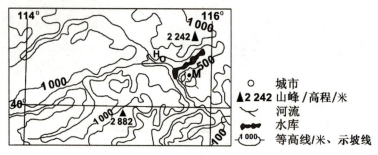

（1）分析 M 处附近沙源较丰富的原因。

（2）分析 H 县城附近冬春季节风力强劲的原因。

（3）某课外活动小组的同学对 M 处的沙丘群规模是否会扩大产生了争论，形成了两种不同的观点。选择你支持的一种观点，为其提供论据。

观点 A：M 处沙丘群规模会扩大。

观点 B：M 处沙丘群规模不会扩大。

【练习 2】

阅读图文材料，回答下列问题。

千湖沙漠由众多白色的沙丘和深蓝色的湖泊组成，沙源主要是来自入海河流携带的泥沙。该沙漠所在地区最大风频为东南风，但该沙漠却以每年 20 米的速度不断向大西洋扩张。左图示意千湖沙漠的位置，右图示意圣路易斯市降水的逐月分配。

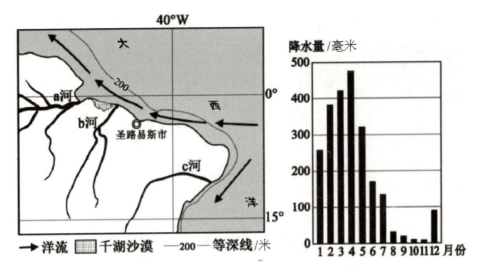

（1）说明千湖沙漠在东南风影响下难以西扩的原因。

（2）指出每年千湖沙漠主要扩张的时间段（上半年或下半年），并分析该时间段沙漠扩张的原因。

（3）判断输送的泥沙对千湖沙漠扩张贡献最大的河流（a 河、b 河或 c 河），并简述判断依据。

参考答案

【练习 1】

（1）（M 处附近的）河流从黄土高原携带大量泥沙，在河边、河床沉积；河水水位季节变化大，枯水季节河床裸露；风沙在此沉积。

（2）冬春季节盛行西北季风（偏北风）；河谷延伸方向与盛行风向基本一致；H 县城附近为河谷交汇之地，形成风口，导致狭管效应。

（3）观点 A：M 处沙丘群规模会扩大。论据：该区域西临黄土高原，北邻内蒙古高原，大风可将沙尘吹到此处；河流持续搬运泥沙；人类活动用水量增加，导致河床裸露期增长；风出风口后，在 M 地速度降低，风沙在此沉积。

观点 B：M 处沙丘群规模不会扩大。论据：位于半湿润区，降水较丰富，风沙发生季节短（主要发生在冬春季节）；河流源地及径流地区植树造林保持水土（使河流搬运的泥沙量减少）；沙源集中分布在河床与河边，面积较小，不足以形成面积较大的沙丘群；位于山区，附近有水库，沙丘群难以向周围扩展。

【练习 2】

（1）位于赤道附近东南信风的背风地带，风力较弱；周围地区植被茂密；沙子湿度较大，不易起沙。

（2）上半年。上半年降水量大，入海径流量大，输送沙量大；近海大陆架宽浅。

（3）b 河。依据：河口泥沙的搬运动力主要是洋流。根据洋流流向可得 b 河的泥沙受洋流影响搬运到千湖沙漠沿岸沉积。

笔记（提取试题其他思维模板）

微专题 33　湿地（沼泽、湖泊）

考点 1　湿地（沼泽、湖泊）的成因

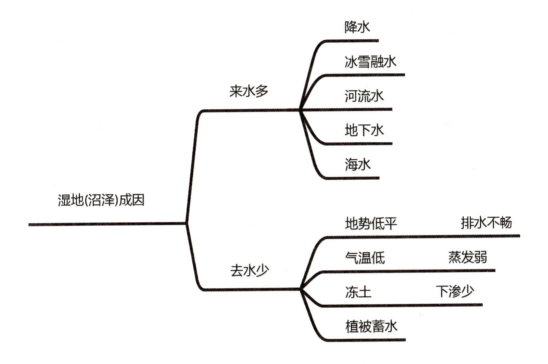

阅读图文材料，回答下列问题。

下图为巴音布鲁克地区示意图。巴音布鲁克湿地发育于天山山脉中部大、小尤尔都斯盆地中。盆地内河流蜿蜒，流向区外。冬季严寒，年平均气温 −4.7 摄氏度。

巴音布鲁克湿地内有国家级天鹅自然保护区，栖息着大量的野生天鹅。湿地周围草场广阔，是传统的畜牧业区。20 世纪中后期，该地区出现过牧现象。同时，每年都有大量的畜群进入自然保护区，严重干扰了天鹅的生存与繁殖。

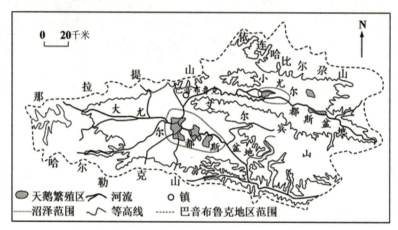

（1）描述图示区域河流干流流向的变化。

（2）简析巴音布鲁克湿地的形成条件。

（3）请你对巴音布鲁克天鹅自然保护区的生态环境保护提出建议。

考点2　湿地（沼泽、湖泊）的作用

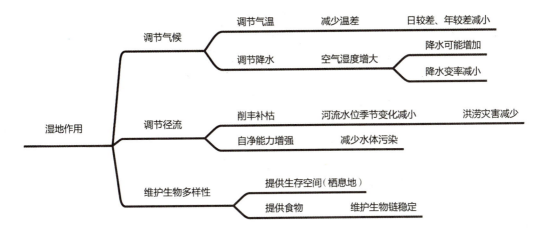

阅读图文材料，回答下列问题。

台特玛湖位于塔里木盆地的腹地，历史上有水道与罗布泊相连（如下图）。根据国家测绘总局1959年的数据显示，当年台特玛湖面积达183平方千米。随着中上游社会经济用水需求的剧增，1972年塔里木河下游断流，罗布泊干涸并露出坚硬的钾盐壳，台特玛湖成为塔里木河的尾闾湖。10年后，台特玛湖消失，随之消失的有湿地和湿地生物，居民也相继搬离。1991年，塔里木河流域管理局成立。经过多次生态输水，2017年台特玛湖湿地总面积达511平方千米，形成一个大淡水湖，湖泊生态迅速恢复。但台特玛湖已不能再为罗布泊生态输水。

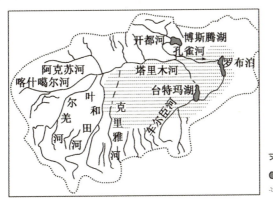

（1）分析20世纪后期台特玛湖消失时间晚于罗布泊的自然原因。

（2）推测罗布泊地区钾盐壳的形成过程。

（3）简述台特玛湖恢复的意义。

参考答案

【练习1】

（1）（自源头）由东向西流经小尤尔都斯盆地，至巴音布鲁克附近向南流入大尤尔都斯盆地，然后再向东南流出本区。

（2）该地区有较多的冰雪融水、大气降水和地下水补给，河流众多；盆地内地势平坦，排水不畅；气温低，蒸发弱；地下冻土发育，阻滞水分下渗。

（3）合理放牧，防止草场退化，恢复天然植被，走可持续发展之路；加强对自然保护区的管理，保护湿地，严禁人类活动对天鹅栖息地的干扰和破坏；加强环境教育，提高公众的环保意识。

【练习2】

（1）台特玛湖位于罗布泊上游，补给水源相对充足；台特玛湖的入湖河流流程比罗布泊短，蒸发和下渗也相对较少；台特玛湖水位低至不能外流时，罗布泊失去水源补给而干涸，台特玛湖变成塔里木河的尾闾湖，干涸的时间晚于罗布泊。

（2）上游河流流域的含钾岩石破碎分解，钾盐溶于水中随径流汇集到罗布泊；伴随着湖水不断蒸发，湖中钾盐含量不断增加，并大量随地表水渗入湖底；后期湖泊消失，干涸的湖底形成钾盐壳。

（3）利于湖泊及其周围地区生态环境的恢复，缓解土地荒漠化；利于保护当地的生物多样性；利于改善湖泊及其周围地区的气候环境与水环境。

微专题 34　河道裁弯取直（渠道化）

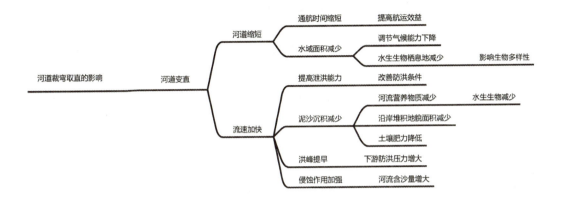

阅读图文材料，回答下列问题。

渠道化是对河流整治的一种方法，即修筑堤坝、裁弯取直、加宽挖深，以此控制洪水或改善航运。美国佛罗里达州基西米河 1962—1971 年的河道渠化工程将本来蜿蜒的天然河流变成了几段近似直线的人工运河，提高了河道的排洪能力，但同时也对河流生态环境造成了严重的负面影响。为了恢复河流原有的生态面貌，当地进行了一系列的生态修复试验。在随后展开的基西米河生态修复工程中只有大约 1/3 的河道被回填，且涉及的河道附近多是没有人居住的地带。

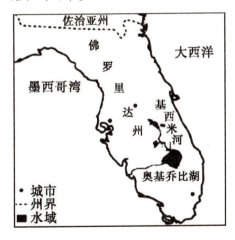

（1）说明基西米河在 1962—1971 年进行渠道化的自然原因。

（2）分析渠道化对基西米河流域生态环境的负面影响。

（3）提出恢复河流原有生态面貌的措施，并说明理由。

（4）推测基西米河流域在生态修复过程中遇到的困难。

【练习2】

阅读文字材料，回答下列问题。

韩国首尔市的清溪川，历史上是一条著名的河流。20世纪50～60年代，随着人口增长和工业发展，清溪川的水质迅速恶化，后被覆盖为暗河，并在其上兴建了高架道路。2003年，当地启动"清溪川复原工程"：恢复自然河道；在河流两岸修建生态公园；建设独立排污系统，对生活污水进行隔离处理；拆除高架道路，兴建各具特色的横跨河道的桥梁。

说明"清溪川复原工程"对改善当地环境的作用。

参考答案

【练习1】

（1）该地区降雨量较多，河流水量大；降水季节变化较大，河流有明显的水位季节变化；地形平坦，河道弯曲，水流速度慢，泥沙淤积，河水经常漫过河岸，洪灾多发。

（2）堆放开挖河槽的泥土占用了滩地和湿地；渠道化使季节性的水位变化消失，水流失去了大面积漫滩的机会，两岸原有的大片河滩沼泽湿地由于缺水而迅速消失；部分原有河道因为流量减少，河流的自净能力降低，水质恶化；各种生活其中的鱼类和水禽也因为赖以生存的自然环境的破坏而渐渐减少甚至消失，生物多样性遭到破坏。

（3）回填被渠道化的河道，恢复原有河道的弯曲状态；拆除部分水库，恢复河流原有的水位季节变化；修建拦河坝，人为抬高水位以恢复两岸的湿地；改变上游水库的运用方式，塑造具有季节性变化的来流条件。

（4）生态修复后，有可能出现洪涝灾害，淹没河流沿岸土地和居民点；需投入大量的人力、物力和财力；生态修复的技术难度大；工程措施实施过程中会造成新的生态环境问题。

【练习 2】

恢复自然河道，恢复水生态环境；对污水隔离处理，有利于河流水质改善；恢复自然河道，对局地微气候具有调节作用；河流两岸修建生态公园，能有效吸附灰尘，净化空气；拆除高架，有利于减少汽车尾气的排放。

笔记（提取试题其他思维模板）

微专题 35 过度采砂

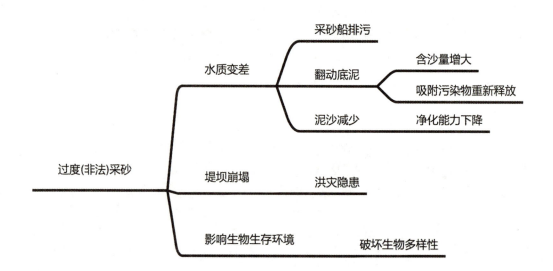

【练习1】

阅读文字材料，回答下列问题。

河砂，主要来源于河漫滩沉积物，广泛分布于河床底部。长期以来，河砂不仅维护着河流生态环境，还是重要的建筑材料。近年来，我国一些河流采砂船频繁作业，无休止地开采河砂，这些采砂船往往是"家庭家族式"的，其作业和人员的生活均在船上进行。

简述采砂船作业对河流水质产生的不利影响。

【练习2】

阅读图文材料，回答下列问题。

鄱阳湖位于长江中下游南岸，是长江中下游最主要的蓄洪湖泊之一。长期以来，鄱阳湖泥沙沉积形成丰富的砂石资源。2000 年以来，随着长江主河道采砂禁令的发布，大量采砂船转移到鄱阳湖采砂，采砂行为使得鄱阳湖的枯水期水位下降，严重影响渔业生产。

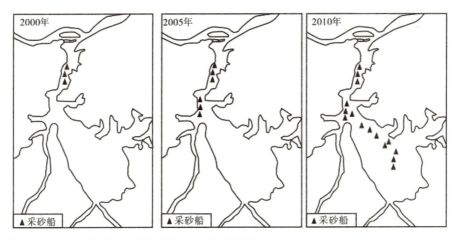

分析鄱阳湖大量采砂对湖区渔业生产的影响。

参考答案

【练习 1】

采砂翻动底泥，导致河水浑浊，河流含沙量增大，其吸附的污染物重新释放至河流中；泥沙减少，其净化水质的能力减弱；沿海地区易导致海水倒灌，河水变咸；采砂人员排放生产和生活废物，影响水质。

【练习 2】

大量采砂使枯水期鄱阳湖水位降低，湖泊面积缩小，鱼类生存空间减小；湖口挖砂破坏鱼类洄游通道和生存场所；大量采砂使湖泊水质下降，水生生物减少，鱼类饵料减少，使渔业产量下降，水产品品质下降。

笔记（提取试题其他思维模板）

微专题 36 咸水湖

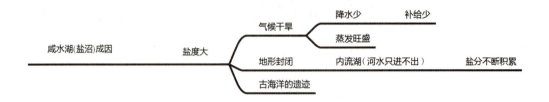

【练习1】

阅读图文材料，回答下列问题。

随着非洲板块及印度洋板块的北移，地中海不断萎缩，里海从地中海分离。有学者研究表明，末次冰期晚期气候转暖，里海一度为淡水湖。当气候进一步转暖，里海北方的大陆冰川大幅消退后，其补给类型发生变化，里海演变为咸水湖，但目前湖水盐度远小于地中海的盐度。下图示意里海所在区域的自然地理环境。

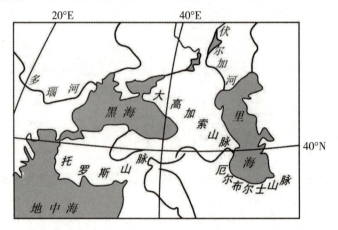

（1）板块运动导致的山脉隆起改变了区域的地貌、水文和气候特征，分析这些特征的变化对里海的影响。

（2）末次冰期晚期里海一度为淡水湖，请对此做出合理解释。

（3）分析补给类型发生变化后里海演变为咸水湖的原因。

（4）指出黑海、地中海未来演化为湖泊的必要条件。

【练习2】

阅读图文材料，回答下列问题。

盐沼是指含有大量盐分的沼泽地带。乌尤尼盐沼为世界上最大的盐沼，由于雨季积水时湖面像镜子一样倒映着天空景色，水天相接，纯净梦幻，因此被称为"天空之镜"。同时，乌尤尼盐沼卤水中含有几乎占全世界一半的锂金属资源。锂金属资源主要通过卤水提锂工艺制成初级产品——碳酸锂。

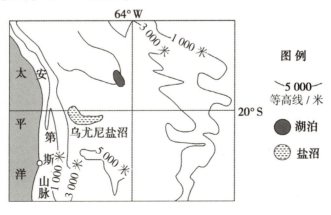

（1）分析乌尤尼盐沼形成的自然原因。

（2）分析"天空之镜"景色的形成条件。

（3）你是否赞同大力开发乌尤尼盐沼地区的锂金属资源？请说明理由。

参考答案

【练习1】

（1）山脉隆起，里海与海洋分离，形成湖泊（湖盆）；山脉隆起，导致里海汇水面积缩小，湖泊来水量减少，湖泊面积缩小；山脉隆起，阻挡湿润气流，导致干旱，推动湖泊向内陆湖演化。

（2）气温仍较低，湖面蒸发弱；受冰雪融水补给；补给大于蒸发。

（3）有河流汇入，带来盐分；无出水口，盐分无法排出；地处内陆，蒸发强烈，导致盐度升高。

（4）非洲板块与印度洋板块继续北移（或板块运动趋势不变）。

【练习2】

（1）深居内陆，地形闭塞，受海洋影响小，气候干旱，降水少；地势相对低注；河流注入水量少，稀释能力弱，长期蒸发盐分积累。

（2）海拔高，大气能见度好；地势平坦开阔，形成水天相连的景观；降水少，晴天多，风力小，湖面平静；湖底盐壳为白色，湖水清浅，倒影清晰。

（3）赞同。理由：锂金属资源开发可以促进基础设施建设；增加就业机会；增加经济收入；带动相关产业发展。

不赞同。理由：开采锂金属资源会大量消耗当地水资源，造成水污染；"天空之镜"景观被破坏；初级产品利润低。

笔记（提取试题其他思维模板）

微专题 37　雾

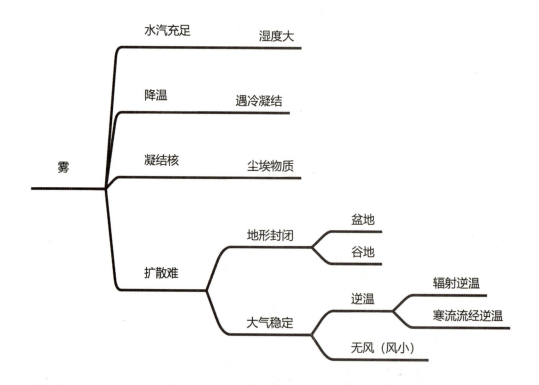

阅读图文材料，回答下列问题。

湘西保靖县的"黄金茶"氨基酸含量高，品质好，被誉为中国最好的绿茶之一。其丰富的氨基酸主要取决于光照强度，过高或过低的光照都不利于氨基酸的合成。"黄金茶"茶区四周环山，常年云雾缭绕，进山道路崎岖颠簸，农户以小农经营为主，自家茶园分布较为分散，茶叶多经过简单加工后出售，年均收入较低。为改变此状况，保靖县采取"公司＋农户＋基地"模式打造"黄金茶"园示范基地。公司为农户提供生产资料和技术服务，按保底价进行统一回收，与生产基地和农户形成一体化经营的经济共同体。下图示意该茶区相关情况。

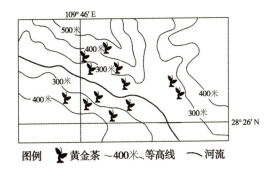

图例　🌱黄金茶　～400米～等高线　～河流

（1）简要分析"黄金茶"产区云雾缭绕的原因。

（2）湘西地区气候非常适宜茶树的生长，请你推测该地气候对"黄金茶"品质的有利影响。

（3）分析湘西茶农守着"黄金茶"但收入较低的原因。

（4）评价保靖县发展"公司＋农户＋基地"模式的优越性。

【练习2】

阅读图文材料，回答下列问题。

安哥拉气温舒适宜人，全年平均温度在22摄氏度左右，最高气温也不超过28摄氏度，被称为非洲的"春天国度"。安哥拉全年分旱、雨两季，5—9月为旱季，相对凉爽，有很重的雾，也被人们称为"雾季"，潮湿无雨；9月—次年5月为雨季，气温高、湿度大，降水量从东北向西南逐渐递减，东北高原地区年均降水量可达1 500毫米，而南部纳米贝沙漠地区年均降水量仅为50毫米。安哥拉矿产、森林、水力、农牧渔业资源丰富。

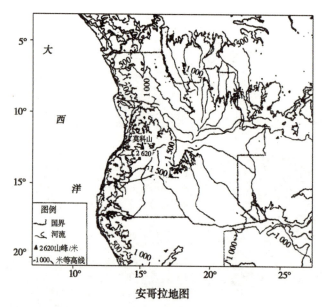

安哥拉地图

（1）南部沿海地区气候干燥而温和，分析其原因。

（2）该国每年5—9月是旱季，但又是"雾季"，分析其大雾的成因。

（3）该国渔业资源丰富，分析其原因。

（4）近年来我国对该国援助力度大，许多中国工人来该国务工，针对该国自然环境，应重点防范哪些问题？

参考答案

【练习1】

（1）森林茂盛，水汽含量多；河谷地区，水汽充足；四周山地阻挡，水汽不易扩散；水汽沿山地爬升遇冷凝结成雾；夜晚气温降低，水汽易冷却凝结；出现逆温；风力较小。

（2）（多云雾大气）光照强度适宜；亚热带季风气候，雨热同期，水热充足；地形阻挡冬季风，冻害影响小；冬季温和，利于茶树越冬；山区地带，昼夜温差较大，有利于营养物质积累。

（3）基础设施落后（交通不便、道路崎岖）；生产规模小且分散（规模效益差），采收成本相对较高；加工水平粗放（简单加工），难以保证茶叶质量；产品（产业）结构单一（附加值较低）；信息闭塞，宣传力度不足。

（4）公司为农户提供生产资料（优选的良种、肥料等）和技术支持，有利于提高产品（茶叶）的质量和产量；公司稳定的订货，降低了农户生产的风险；有利于提高农民的收入和生产积极性；农户为公司提供稳定的茶叶供应，有效地降低了公司的采购成本；有利于集约化经营，扩大生产规模，提高经济效益。

【练习2】

（1）干燥原因：东南信风的背风坡，降水少；沿岸的寒流，加剧干旱。温和原因：虽然位于低纬度，但受海洋调节作用，气候温和；沿岸的寒流，降低了气温。

（2）在旱季，降水少，多晴天，白天气温高，夜间降温快，导致大气下冷上热，产生逆温，距海近，水汽多，地面潮湿，早晨多雾；沿岸地区由于寒流降温作用，气流经过冷海面时，温度降低，水汽凝结成雾。

（3）西部沿海地区受东南信风（离岸风）的影响，海水盛行上升流，将海底的盐类物质带到表层，为浮游生物提供了食料，也为鱼类提供了充足的饵料，海洋渔业发达；中部和北部降水丰富，河网密，水域广阔，淡水鱼也很丰富；地处低纬度，气温较高，鱼类生长迅速。

（4）太阳辐射强，防晒；雨季湿热，防蚊虫叮咬；野生动物繁多，防野生动物侵袭；科技水平不高，防疫病（或疟疾）等。

笔记（提取试题其他思维模板）

微专题 38　干热河谷

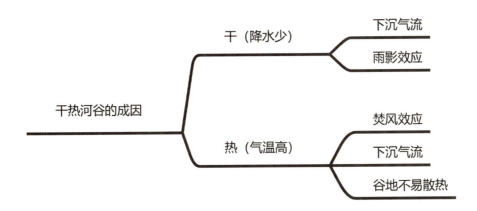

阅读图文材料，回答下列问题。

云南省宾川县位于横断山区边缘，高山地区气候凉湿，河谷地区气候干热。为解决河谷地区农业生产的缺水问题，该县曾在境内山区实施小规模调水，但效果有限。1994年"引洱（海）入宾（川）"工程竣工通水，加之推广节水措施，当地农业用水方得到保障。近年来，宾川县河谷地区以热带、亚热带水果为主的经济作物种植业蓬勃发展。

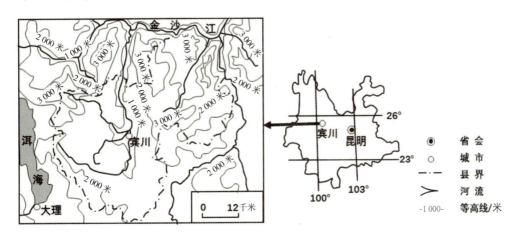

（1）指出宾川县地形的主要特点，并推测耕地分布及数量的特点。

（2）说明地形对宾川县河谷地区干热气候特征形成的影响。

（3）用水得到保障后，当地热带、亚热带水果种植业蓬勃发展，从气候角度分析其原因。

（4）以水果种植业为基础，提出宾川县为促进经济进一步发展可采取的措施。

【练习2】

阅读图文材料，回答下列问题。

芒果性喜温暖，不耐寒霜，最适宜的生长温度为25～30摄氏度，低于20摄氏度生长缓慢，低于10摄氏度叶片、花序会停止生长，近成熟的果实会受寒害。中国能正常生长成熟的产区平均温度为19.8～24.1摄氏度。四川攀枝花芒果主要种植在海拔1 400米左右的河谷坡地，成熟期一般在9—11月，是我国芒果成熟期最晚的地区。该地区的芒果口感好，含糖量高，品质佳。

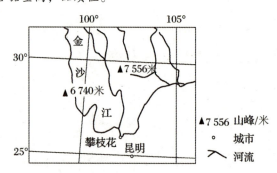

（1）分析导致攀枝花芒果晚熟的原因。

（2）分析攀枝花芒果品质佳的自然原因。

参考答案

【练习1】

（1）地形特点：山高谷深。耕地特点：耕地主要分布在谷地和山间盆地，数量少（或面积小、占土地面积比重小）。

（2）宾川县位于温暖湿润的亚热带季风气候区，因山高谷深，谷地盛行下沉气流，气流下沉过程中增温且谷地热量不易散失，导致热（气温高），同时不易形成降水，导致干（降水少）。

（3）全年气温高，热量充足，热带、亚热带水果全年可以生长；（海拔高，晴天多）气温日较差大，光照强，有利于水果品质提高（糖分积累）。

（4）吸引相关企业投资，发展水果加工业；引进并培育优良品种，树立品牌；加大宣传力度，开拓水果销售市场；促进以水果种植为基础的旅游产业化；完善交通等基础设施建设等。

【练习2】

（1）攀枝花芒果主要种植在海拔 1 400 米左右的河谷坡地，（相对其他芒果种植区）纬度位置偏高，且海拔较高，夜晚受山风的影响，温度较低，低温时低于最适宜的生长温度，昼夜温差较大，使芒果生长周期较长，导致芒果成熟期晚。

（2）地处河谷坡地，海拔高，光照强，芒果含糖量高；夏季高大山脉对西南季风阻挡作用强，位于背风地带，降水少，河谷干热，昼夜温差大；终年无冬，无霜期长；芒果成熟晚，生长周期长；河谷坡地，地势相对平缓，土壤肥沃。

微专题 39　水体结冰

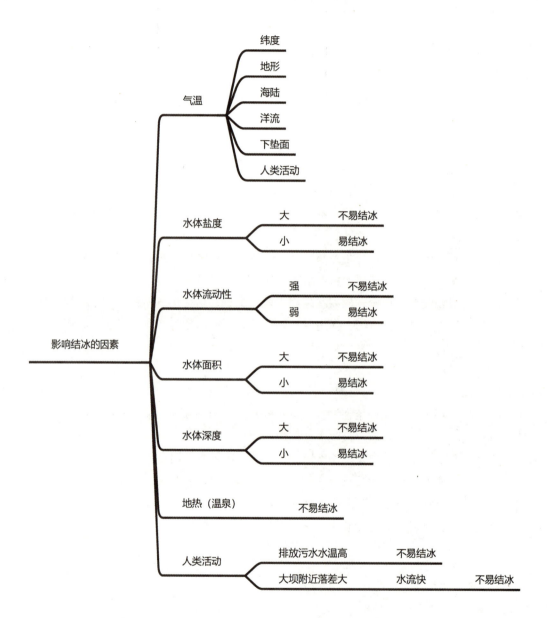

【练习1】

阅读图文材料，回答下列问题。

斑海豹为我国一级保护动物，主要栖息在辽东湾一带，栖息的环境主要是海水、河水、浮冰、泥沙滩、岩礁和沼泽地等。斑海豹生性胆小机警，幼兽皮毛名贵。每年1—3月繁殖，产崽在浮冰（海冰含盐量接近淡水）上，以各类鱼虾为食。近年来，我国斑海豹种群数量急剧减少。下图为辽东湾斑海豹分布示意图。

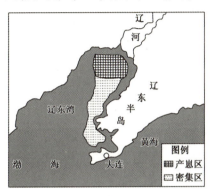

（1）分析辽东湾冬季易结冰的原因。

（2）分析斑海豹栖息于辽东湾的主要自然条件。

（3）指出斑海豹数量减少的主要原因，并提出保护斑海豹的措施。

【练习2】

阅读图文材料，回答下列问题。

的的喀喀湖位于秘鲁和玻利维亚交界的安第斯山脉东侧阿尔蒂普拉高原，是南美洲地势最高、面积最大的淡水湖，被称为"高原明珠"。的的喀喀湖海拔高而不冻，处于内陆而不咸。湖泊周围区域是南美洲印第安人文化的发源地之一，湖上还留存着一个奇观，那就是乌鲁族人用当地生产的芦苇草捆扎而成建造的一座座漂浮岛。

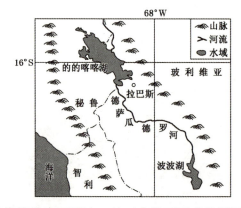

（1）说明的的喀喀湖海拔高而不冻，处于内陆而不咸的原因。

（2）分析印第安人文化发源于的的喀喀湖周边地区的有利地理条件。

（3）说明乌鲁族人用芦苇草建造漂浮岛的理由。

参考答案

【练习1】

（1）纬度较高，获得的光热较少，冬季气温较低；有河流注入，海水盐度较低；海湾较封闭，水体流动性差；该地区冬季常有强冷空气带来的大风和寒潮天气。

（2）栖息条件：辽东湾北侧有辽河入海，沿海多浅滩、沼泽等，是优良的斑海豹栖息地。食物条件：沿海有河流注入，形成咸淡水混合区，给海洋生物带来丰富的营养物质，多鱼虾，便于斑海豹觅食。繁殖条件：纬度较高，易结冰，浮冰较多，有利于斑海豹繁育。

（3）原因：幼兽皮毛名贵，人类过度捕杀；水体污染，生存环境变化；鱼虾等食物减少，影响斑海豹生存等。措施：建立自然保护区；加强管理；加强宣传等。

【练习2】

（1）湖泊被安第斯山脉环抱，安第斯山阻挡了冷空气对其的侵袭；地处板块交界处，地壳运动活跃，地热丰富；湖泊面积大，水量大；所处纬度位置较低，故海拔高而不冻。

四周被雪峰环抱，冰雪融水不断补给湖水；海拔高，气温低，蒸发弱；有河流与外界沟通，湖水得到更新，故处于内陆而不咸。

（2）所处纬度较低、海拔较高，气候终年温和；湖泊周围地形平坦，土壤肥沃，利于农业发展；靠近湖泊，提供了充足的水源。

（3）内陆高原地区木材匮乏，湖岸附近芦苇丰富，利于就地取材；芦苇材质轻、易漂浮；湖泊中芦苇广布，便于芦苇的收集和加工；可逃避战乱（减少外界干扰）；方便捕鱼，进行生产。

笔记（提取试题其他思维模板）

微专题 40　雪线

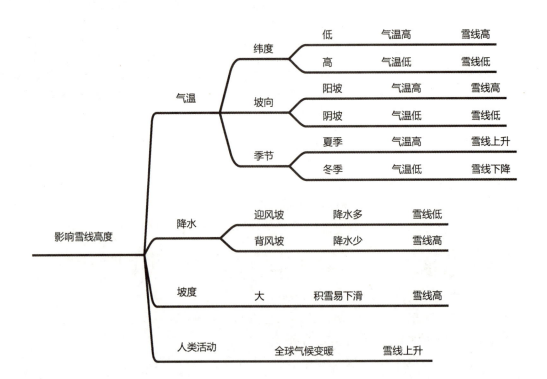

【练习1】

阅读图文材料，回答下列问题。

不同地区的气候、土壤、生物等地理要素，随着地理位置和地势的变化呈现出规律性的演变，从而形成纷繁复杂而又有规律的自然景观。

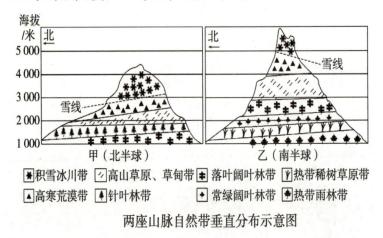

两座山脉自然带垂直分布示意图

（1）比较甲图和乙图山脉自然带带谱的主要差异，并判断哪幅图的山脉所处纬度位置较低。

（2）概述甲图中各自然带在山脉南、北坡出现的高度的差异，并说明原因。

（3）乙图中，山脉在海拔 4 000 米以上的南、北坡，坡度基本相同，气温大致相当，但南坡的雪线却低于北坡，说明其原因。

【练习 2】

读"我国某区域雪线高度分布图"，回答下列问题。

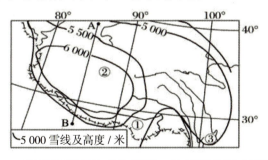

（1）描述图中沿 AB 线雪线高度的变化规律，并简要分析主要原因。

（2）此区域由西北向东南自然景观变化规律为荒漠和半荒漠、草原、草甸、森林，试分析形成此变化规律的原因。

（3）说出图中①②两地区的农业类型差异，并简述①地区发展农业的有利自然条件。

参考答案

【练习1】

（1）差异：乙图山脉自然带带谱更加丰富；乙图山脉基带为热带雨林带，而甲图山脉基带为落叶阔叶林带；相同类型的自然带，甲图山脉出现的高度比乙图山脉低。乙图山脉。

（2）差异：同一自然带出现的高度南坡高于北坡。原因：该山脉位于北半球，南坡是阳坡，由于阳坡热量较高，因此南坡自然带的海拔高度相对于北坡较高。

（3）该山脉位于南半球，南坡受东南信风带的影响，为迎风坡，降水量较大，因此雪线较低。

【练习2】

（1）北段由南向北降低，主要因为向北纬度升高，气温降低；南段由北向南降低，主要因为降水量大致由北向南增大。

（2）由于本区域总体地势西北高、东南低，夏半年受来自印度洋和太平洋的暖湿气流影响，降水由东南向西北减少，自然景观随之发生变化。

（3）①为河谷农业，②为高寒牧业。①位于河谷地区，海拔低，气温相对较高，热量较多，风力较小；地势相对平坦，土壤肥沃；靠近河流，水源丰富。

微专题 41　降水

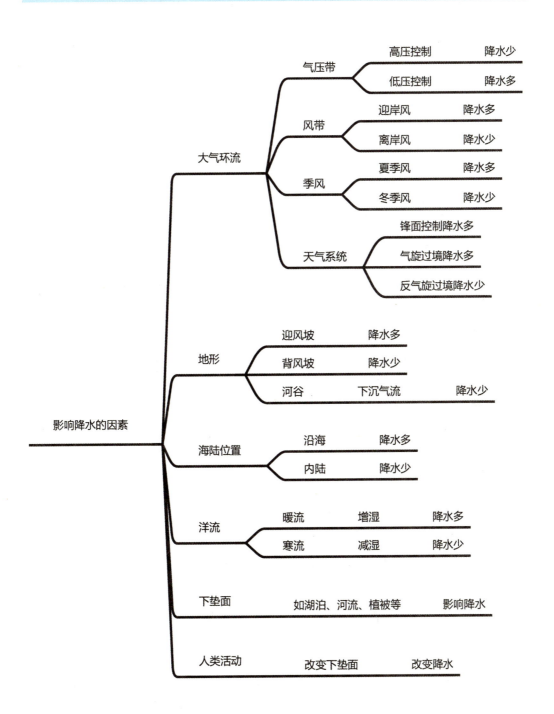

【练习 1】

阅读图文材料，回答下列问题。

自古以来，雅安便有"雨城""华西雨屏"之称。图甲示意四川盆地西部地区年降水量，图乙示意雅安月降水量和月降水日数分布。

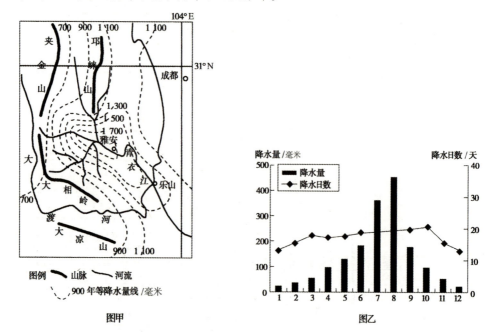

图甲

图乙

（1）描述该地区年降水量的空间分布特征。

（3）分析雅安有"雨城"之称的原因。

（3）说明雅安降水季节变化对秋季农作物的不利影响。

【练习 2】

阅读图文材料，回答下列问题。

塔希提岛是南太平洋上的波利尼西亚群岛中最大的一个火山岛，面积 1 042 平方千米。塔希提岛南部湿润，年降水量 2 500 毫米以上；北部较干燥，年降水量约 1 800 毫米，全岛降雨集中在 12 月至次年 3 月。许多热带花卉生长在该岛上，整个岛屿的空气中弥漫着花香。塔希提岛已成为重要的花卉基地。如图示意塔希提岛位置、地形和河流分布。

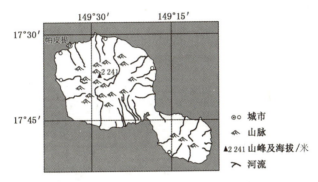

（1）分析塔希提岛降雨南部多于北部且集中于每年 12 月至次年 3 月的主要原因。

（2）简析塔希提岛的地形对河流水系的影响。

（3）说明塔希提岛海岸地貌类型及其受到的主要外力作用。

参考答案

【练习1】

（1）总体从东南向西北先增后减；中部地区降水量大，向四周递减。

（2）西侧是青藏高原，东侧是四川盆地，常受高原下沉气流和盆地暖湿气流影响；喇叭形的地形构成，造成暖湿气流只能进不能出；夏季受偏南暖湿气流影响大。

（3）降水多，易发生洪涝灾害，不利于农作物收获，造成减产甚至绝产；降水日数多，湿度大，气温偏低，光热不足，影响农作物的产量和品质。

【练习2】

（1）降水南部多于北部的主要原因：从纬度位置看，塔希提岛受东南信风影响；从地形看，塔希提岛以山地为主，其南部为东南信风的迎风坡，东南信风从海洋吹来，饱含水汽，受地形抬升，降水丰富，北部为东南信风的背风坡，降水较少。

降水集中于每年12月至次年3月的主要原因：每年的12月至次年3月塔希提岛处于夏半年，此时气压带和风带南移，受赤道低气压带的影响，降水丰富。

（2）塔希提岛中部为山地，沿海为狭窄的平原，海拔由中部向四周降低，河流受其影响，形成放射状水系；由于山岭阻隔，河流流域面积较小；河流穿行于山地间，落差大，水流急，水能丰富，加之受山地束缚，河床下切作用显著，多"V"型河谷。

（3）在平原海岸，其海岸地貌以海积地貌为主，在海浪挟带泥沙沉积作用下，形成宽阔的海滩和沙丘；在山地直逼海岸地带，海浪侵蚀作用大，形成海蚀地貌，如海蚀柱和海蚀拱桥等。

笔记（提取试题其他思维模板）

微专题 42　蒸发

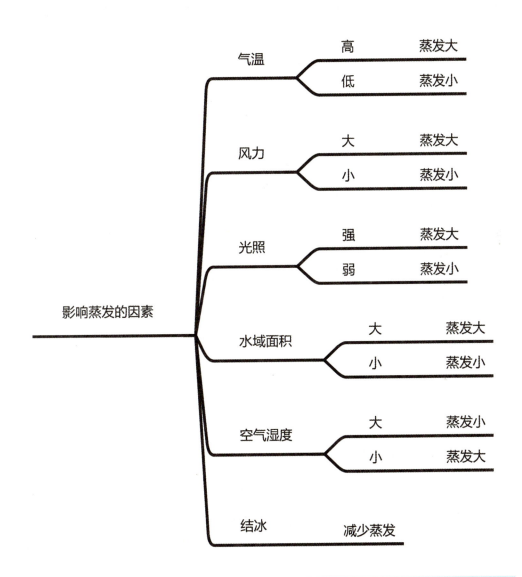

【练习1】

阅读图文材料,回答下列问题。

树木年轮的宽度与气候的年际变化有关。树木径向生长速度快的年份,年轮宽度较大。我国西南地区广泛分布的云南松是重要的造林树种,地理科考队调查了云南丽江高山植物园(海拔在 3 000 米以上)内两处不同海拔采样点的云南松。较低海拔的采样点朝南,地势平缓,土壤砂石较多;较高海拔的采样点位于山谷,坡向东南。

较好的水热组合对云南松生长影响显著。与水分的相关性分析发现，水分的可利用性严重制约着较低海拔云南松径向生长，而较高海拔云南松径向生长与夏季的降水呈现明显的负相关。与气温的相关性分析发现，跟正常年份相比，月均温较高的 10 月份，云南松径向生长与气温呈显著正相关；月均温较高的 5 月份，云南松径向生长与气温呈极显著负相关。

下面左图示意丽江高山植物园与气象站的位置，右图示意丽江多年平均气温与降水分布。

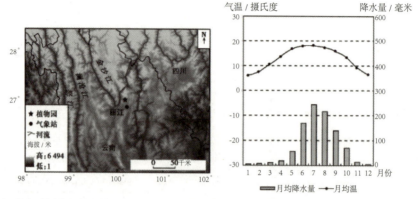

（1）分析较低海拔采样点云南松径向生长受水分条件的制约远大于较高海拔采样点的原因。

（2）说明该地区较高海拔云南松径向生长与夏季降水呈负相关的原因。

（3）月均温高于正常年份的 5 月与 10 月，云南松径向生长与气温的相关性差异显著，请说明原因。

【练习2】

阅读图文材料，回答下列问题。

波罗的海是世界上盐度最低的海。波罗的海海冰中有一个完善的具有活跃生物区的卤水（浓缩盐水）通道系统。波罗的海相对较低的盐度造成卤水体积相对偏小，因而限制了波罗的海海冰内部的生物分区。

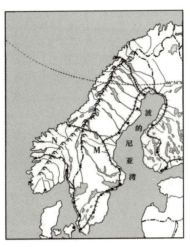

（1）波罗的海盐度低的一个原因是其蒸发量较小，分析波罗的海蒸发量小的原因。

（2）分析波的尼亚湾的海冰厚度较大的原因。

（3）结合材料与所学知识，分析气候变暖给波罗的海带来的影响。

参考答案

【练习1】

（1）低海拔地区温度较高；坡向朝南，太阳辐射较强；植物的蒸腾作用与地表蒸发作用较强；加之低海拔采样点（地势平缓）土壤砂石较多，保水能力较差；导致低海拔采样点云南松生长的水分条件较差，受水分条件的制约较大。

（2）高海拔地区气温较低；夏季降水较多，太阳辐射和日照时数减少；一定程度上减弱了树木的光合作用、降低了气温；使水热组合变差，不利于植物生长。

（3）较好的水热组合对云南松径向生长影响显著。5月雨季尚未到来，经过较长旱季影响，土壤中湿度较小，水分条件较差；过高的气温加剧蒸发与蒸腾作用，不利于云南松生长；10月则由于刚经历了雨季，土壤中湿度较大，水分条件较好；较高的气温组合出较好的水热条件，利于云南松生长。

【练习2】

（1）纬度高，温度低；四面陆地环绕，加之受副极地低气压带控制，风力较小；冰期内海冰覆盖，夏季部分海区多浮冰，减少海水蒸发。

（2）波的尼亚湾在波罗的海中纬度最高，温度低；波的尼亚湾远离北海，且蒸发小，盐度低易封冻。

（3）海冰融化，海平面上升；温度升高，浮冰减少，蒸发量增大；盐度发生变化，与北海间的洋流受扰动；海冰融化，海冰内生态系统遭到破坏，导致物质能量循环紊乱。

笔记（提取试题其他思维模板）

微专题 43　下渗

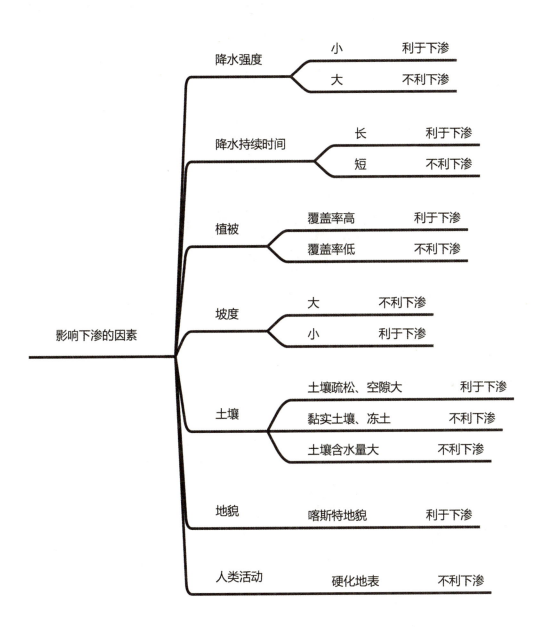

【练习1】

阅读图文材料，回答下列问题。

海绵城市，即城市能够像海绵一样，在适应环境变化和应对自然灾害等方面具有良好的"弹性"，下雨时吸水、蓄水、渗水、净水，需要时将蓄存的水"释放"并加以利用。

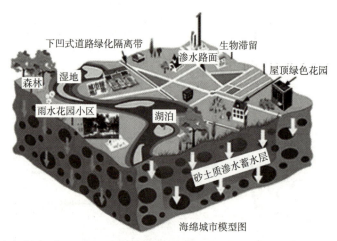

海绵城市模型图

分析海绵城市如何减少城市发生内涝灾害。

【练习2】

阅读文字材料，回答下列问题。

近年来，北京、武汉、长沙等大城市每逢暴雨几乎都会"浮起来"，造成巨大的人员伤亡和财产损失。有专家提出在城市建设中推广使用渗水砖的建议。

（1）简述城市内涝灾情严重的社会经济原因。

（2）简述推广使用渗水砖对城市地理环境的有利影响。

参考答案

【练习1】

铺设渗水路面增加下渗量；湖泊、湿地和下凹式道路绿化隔离带可以收集雨水，分洪蓄洪；森林涵养水源，增加下渗；雨水花园小区可以收集路面的雨水；砂土质渗水蓄水层增加下渗，调节地表径流量。

【练习2】

（1）人口密集，经济活动集中；城市化发展快，地表硬化，下渗少；城市排水系统建设滞后；防灾经验不足，应急措施不到位。

（2）有利于下渗，补充地下水；有利于缓解城市内涝；有利于促进水循环。

笔记（提取试题其他思维模板）

微专题 44　径流量

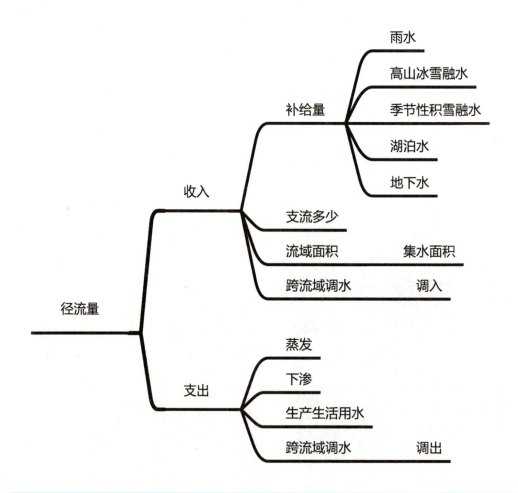

阅读图文材料，回答下列问题。

某河发源于美国内陆高山，河流上游河段受季节性融雪和大气降水补给。7月后主要受降水补给，降水多为暴雨。该河段流量和含沙量年内变化大，但河面宽度变化不明显。下图示意该河段典型河流断面不同时间的水体形态。

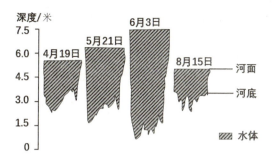

（1）对该河段河面宽度变化不明显的现象做出合理解释。

（2）指出 4—6 月该断面河水深度的变化特征，并说明原因。

（3）分析 8 月该河段河底淤积的原因。

【练习 2】

阅读图文材料，回答下列问题。

罗讷河发源于瑞士境内的冰川，在法国境内的流域面积约占流域总面积的 94%，历史上曾是一条"野性"河流，经常洪水泛滥。19 世纪以来，法国对罗讷河进行多次整治，并于 1931 年成立"国立罗讷河公司"，作为罗讷河综合整治和开发的唯一授权机构。下图示意罗讷河流域的地形。

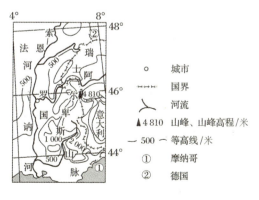

（1）分别指出罗讷河上游（瑞士境内）、北部支流（索恩河）和地中海沿岸支流径流量的季节变化。

（2）说明法国为整治和开发罗讷河而设立"国立罗讷河公司"的原因。

（3）说明"恢复弯曲河道及河道分汊"对恢复河流生态的作用。

参考答案

【练习1】

（1）（地壳抬升）河流下切（未摆动）；单一岩性（岩性相近）河岸，河岸直立。

（2）变化特征：深度增加。

原因：融雪补给为主，流量持续增长，水位上升；融雪补给为主，含沙量低，流速持续加快，侵蚀河床。

（3）降水补给为主，（坡面侵蚀强）河水含沙量高；径流量与流速变率大，流速降低时泥沙快速淤积。

【练习2】

（1）上游（瑞士境内）：有春汛，夏季径流量大，冬季为枯水期。北部支流（索恩河）：全年径流量比较稳定，无明显枯水期。地中海沿岸支流：夏季为枯水期，冬季为丰水期。

（2）罗讷河为国际河流，其开发、管理等涉及多方利益，设立统一授权机构可协调各方关系及利益；统筹开发与整治，使罗讷河的开发整治效益达到最大化。

（3）恢复弯曲河道及河道分汊有利于拓展河道宽度，延长河流长度，可有效降低河流流速及洪峰；恢复河流生态，可增加流域内生物多样性；良好的河流生态，有利于河流水的净化，提高其自净能力。

笔记（提取试题其他思维模板）

微专题 45　河流含沙量

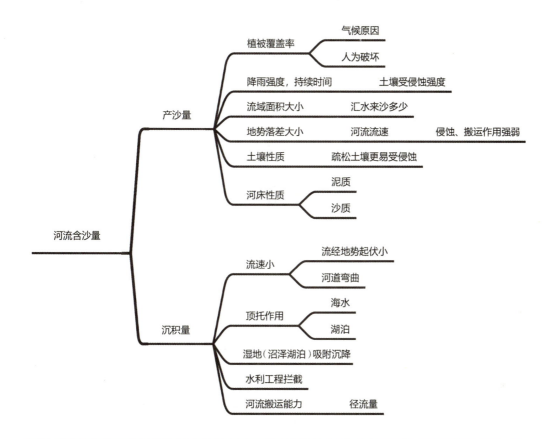

阅读图文材料，回答下列问题。

"苍苍森八桂，兹地在湘南。江作青罗带，山如碧玉篸。"这是出自唐代诗人韩愈《送桂州严大夫同用南字》一诗中的名句。漓江发源于南岭，在上游河段，河床多角砾石，桂林至阳朔河段，河水蜿蜒南流，河床由卵石、砂组成，两岸多为石灰岩岩溶地貌（喀斯特地貌），是桂林山水的核心。下图示意桂林在广西的位置和漓江的景观。

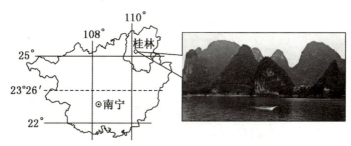

（1）推断漓江夏、冬两季河水含沙量大小的差异，并说明理由。

（2）分析漓江河床多卵石的成因过程。

（3）说明漓江两岸形成"山如碧玉簪"景观与当地气候的关系。

【练习2】

阅读图文材料，回答下列问题。

一位被热带雨林风光吸引的游客从马瑙斯出发，乘船沿内格罗河（如图）溯源而上，见两岸植被繁茂，河上很少有桥。行至内格罗河与布朗库河交汇处，发现两条河流的河水因颜色迥异，呈一黑黄分明的界限，景色令人震撼。船继续前行，岸边的沼泽渐渐映入眼帘……当晚，他查阅资料，得知内格罗河河水因富含腐殖质，颜色乌黑，布朗库河则因含大量泥沙呈黄色。

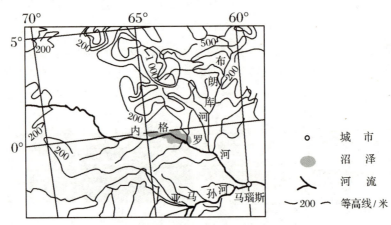

（1）分析内格罗河河水富含腐殖质但泥沙含量少的原因。

（2）试对"河上很少有桥"这一现象做出合理解释。

（3）你是否赞同在该地区拓展旅游观光业？请表明态度并说明理由。

参考答案

【练习1】

（1）夏季大，理由是夏季河流补给以大气降水为主，多大雨，流量大，对地表和河流的侵蚀作用强，搬运作用也强，河水含沙量大；冬季小，理由是冬季河流补给以地下水为主，降水少，流量小，侵蚀和搬运作用弱。

（2）从上游来的河水，水流急，搬运作用强，可携带砾石；搬运过程中砾石碰撞摩擦，棱角消失；在漓江河段，流速变缓，携带的卵石在此处堆积。

（3）当地夏季高温多雨，有利于植物生长发育，对石灰岩的溶蚀作用也强，加快了石灰岩岩溶地貌的发育；冬季温暖，植物也能生长。

【练习2】

（1）气温高，湿度大（降水多），生物量大，在沼泽形成大量腐殖质。地处平原，地势低平，河流流速慢，多沼泽，泥沙沉积。

（2）人口稀少，跨河运输需求较少；水网稠密，水运便利；河面宽，水量大，修路搭桥成本高，技术难度大，对雨林环境破坏大。

（3）赞同。理由：热带雨林旅游资源独特，具有全球吸引力；旅游开发与运营成本低，经济效益好，可增加当地就业，带动相关产业发展。

不赞同。理由：对热带雨林环境造成破坏，产生污染；对当地居民生活、文化等带来冲击；来自自然的威胁（疾病、野生动物袭击等）较大。

笔记（提取试题其他思维模板）

微专题 46　凌汛

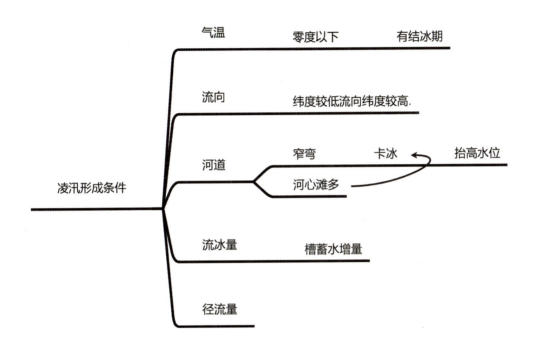

【练习 1】

阅读图文材料，回答下列问题。

凌汛是河道冰凌阻塞、解冻或冰雪融化而引起的江河涨水现象。沼泽是潮湿和浅水地带生长湿生植物的地段。冻土是温度在 0℃ 或 0℃ 以下，并含有冰的岩土。

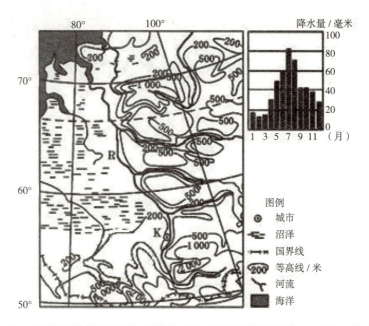

（1）图中 R 河干流将图示区域大致分成两个不同的地形单元，说出其名称与方位。

（2）R 河干流常产生凌汛，解释该现象的成因。

（3）R 河是流经国水量最大的河流，但其航运价值很低。根据 R 河的水文特征说明原因。

（4）R 河流域冻土广布，有利于沼泽形成。解释原因。

【练习2】

阅读图文材料，回答下列问题。

白斑狗鱼肉质细嫩，营养丰富，有"鱼中软黄金"之称。白斑狗鱼是肉食性鱼类，适宜在 16℃以下的水域产卵繁殖，分布于亚洲、欧洲和北美洲的北部冷水水域，栖息环境多为水质清澈、水草丛生的河流，在我国仅见于新疆的额尔齐斯河流域。额尔齐斯河是我国唯一属北冰洋水系的河流，会出现凌汛现象。

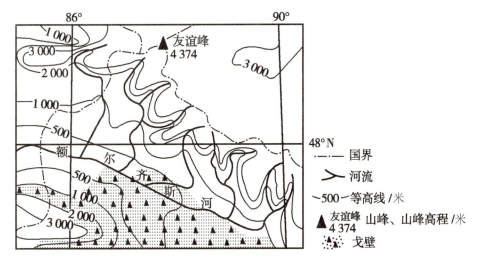

（1）分析图示额尔齐斯河流域适合白斑狗鱼生长繁殖的自然条件。

（2）分析额尔齐斯河流凌的原因和危害。

参考答案

【练习1】

（1）R河干流以东以高原为主，以西为平原。

（2）R河位于北半球中高纬度地区，冬季气温低，河水结冰，R河干流大致自南向北流动（自低纬度向高纬度流动）。春季河流上游（低纬度地区）冰雪先融化，河流下游后融化。河水向下游流动过程中，冰凌易在河道阻塞，河流水位上涨，产生凌汛。

（3）R河所处纬度较高，气温低，结冰期长；有凌汛现象，不利于航行；河水水量季节变化大，通航能力不稳定。

（4）冻土形成融水层，不利于径流下渗，地表易积水，有利于沼泽形成。

【练习2】

（1）支流发源于高山地区，水质好；纬度高，加之受高山溶雪影响，水温低；干流流速较缓，水草丛生；河流下游冷水鱼可逆流而上（可构成统一种群）。

（2）原因：额尔齐斯河干流纬度高，气温低，河流有结冰现象；春季河流解冻后、初冬河流封冻前，冰块顺流而下，形成流凌。

危害：额尔齐斯河由较低纬度流向较高纬度，春季和秋季流凌遇河堤狭窄时冰（块）层不断堆积，对堤坝的压力过大发生凌汛；流凌容易拥堵形成冰坝，水位大幅度抬高，造成水灾，淹没河流两岸农田和村庄等，造成人员和财产损失。

笔记（提取试题其他思维模板）

微专题 47　昼夜温差

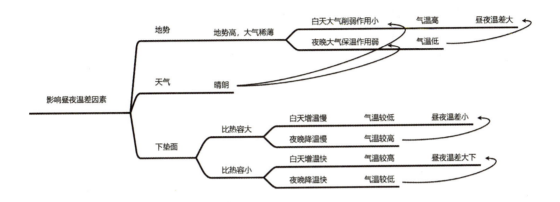

阅读图文材料，回答下列问题。

松潘草地位于松潘高原（如下图），海拔3 500米以上，沼泽广布，夏季天气变化大。在冷湿环境下，松潘草地泥炭（未分解的植物遗体不断堆积而成）资源丰富。中华人民共和国成立后松潘草地经排水疏干，部分垦为农田，草地和沼泽面积大为缩小，已发展成少数民族的农耕区。

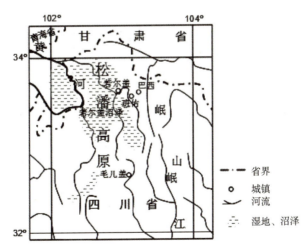

（1）分析松潘草地夏季昼夜温差大的成因。

（2）分析松潘草地适宜泥炭形成的冷湿环境的成因。

（3）指出草地开垦为农田后土壤中有机质的变化情况，并说明原因。

【练习2】

阅读图文材料，回答下列问题。

材料一：拉萨气温日较差大，气候独特，既有"日光城"的美誉，又有著名的"拉萨夜雨"。独特的高原风光和日趋便捷的交通使拉萨成为新兴避暑旅游城市。

材料二：拉萨位置如下图所示。

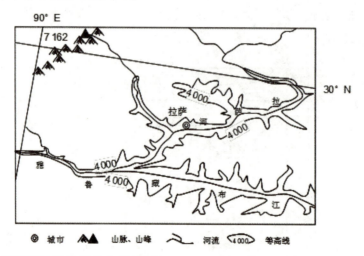

（1）分析拉萨气温日较差大的原因。

（2）分析拉萨夏季"昼晴夜雨"的天气对农业生产的有利影响。

（3）分析拉萨作为避暑旅游城市的不利自然条件。

参考答案

【练习1】

（1）海拔高，大气较稀薄；夏季正午太阳高度角大，白天地面接收太阳辐射多，气温上升快（高）；夜晚大气保温作用弱，气温下降快（低）。

（2）松潘草地海拔高，气温低；受夏季风影响，降水较多；平均温较低、蒸发弱；地形平坦（地形以高原为主），排水不畅（或土质黏重，水分不易下渗，地表积水）。

（3）变化：土壤中有机质减少（有机质含量下降）。

原因：（草地开垦为农田），土壤中有机物来源减少；草地排水疏干，土壤水分含量下降，有机质分解速度加快；种植农作物，吸收土壤中的营养成分，加快有机质的分解。

【练习2】

（1）海拔高，空气稀薄，水汽、杂质相对较少。白天，大气对太阳辐射的削弱作用弱，到达地面的太阳辐射量大，气温较高；晚上，大气逆辐射弱，气温较低，气温日较差较大。河谷地形白天热量不易散发，夜晚有沿坡下沉的冷空气（山风），增大了气温日较差。

（2）白天降水相对少，光照充足，有利于光合作用，增加农作物有机质积累，可提高其产量、品质；夜间降水多，气温较白天低，雨水消耗于蒸发的部分少，渗入土壤中的水分多，有利于水分涵养，增加作物根系吸收。

（3）海拔高，空气稀薄，氧气不足；太阳紫外线辐射强烈；气温日较差大。

微专题 48 桥梁

考点 1 海上建桥难度大、成本高的原因

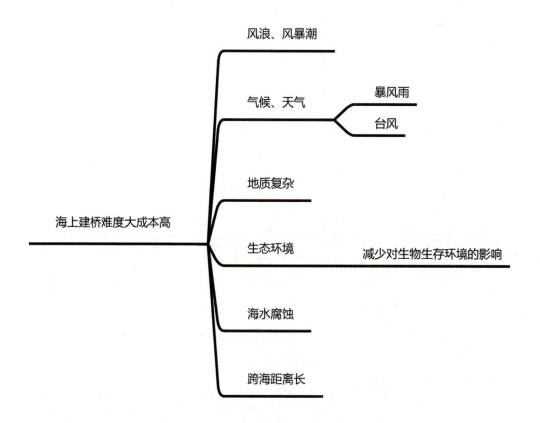

【练习1】

阅读图文材料，回答下列问题。

粤港澳大湾区是由香港、澳门两个特别行政区和广东省的广州、深圳、珠海、佛山、中山、东莞、惠州、江门、肇庆九市组成的城市群，是国家建设世界级城市群和参与全球竞争的重要空间载体。2018年10月港珠澳大桥通车，对粤港澳大湾区的发展提供了新的通道。

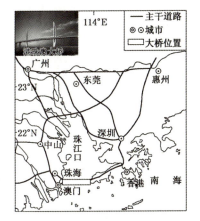

（1）简述建设粤港澳大湾区城市群的区位条件。

（2）说明粤港澳大湾区的建设对该区域工业企业发展的有利影响。

（3）指出港珠澳大桥建设过程中将面临的主要自然环境问题。

（4）分析港珠澳大桥的开通对粤港澳大湾区城市群发展的有利影响。

考点 2　桥梁长期保存的原因

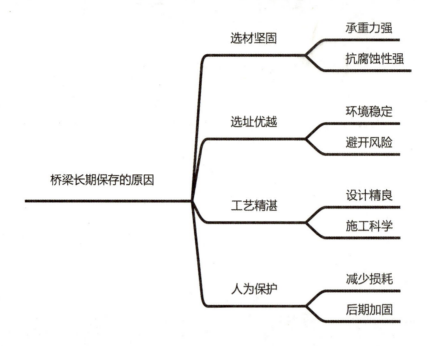

【练习2】

阅读图文材料，回答下列问题。

廊桥又称风雨桥，是在桥上加盖廊屋的特殊桥梁。闽浙山区迄今留存着不少古廊桥。当地采伐后的木材，需要经一段时间的自然晾干才能用作建桥木料。清乾隆年间建于图中甲处的古廊桥，建成不久即毁于山洪。数年后，在图中乙处重建并保留至今。下图示意闽浙山区某地地形及廊桥景观。

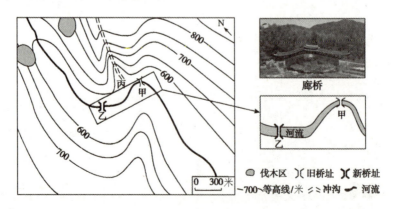

（1）依据当地自然条件，说明廊桥设有廊屋的作用。

（2）分析甲处古廊桥当年被山洪冲毁的自然原因。

（3）乙处重建古廊桥采用"夏伐秋晾"的安排。从自然条件角度分析其合理性。

（4）当地建造古廊桥多采用木制构件，而少采用较为坚硬且防腐性能更好的石料，分析其原因。

参考答案

【练习1】

（1）气候温和湿润、河流众多，水资源丰富；人口众多、土地面积广大，工业企业众多，经济发达；濒临南海，铁路、公路、河运、海运等交通便利。

（2）有利于深化内地和港澳企业技术、人才等交流合作，提升竞争力；有利于加强工业企业联系，促进分工与合作；有利于不断完善基础设施，为企业成长提供保障。

（3）海底地形复杂，海水腐蚀，台风、海浪的侵袭。

（4）缩短香港、珠海和澳门三地间和珠江口两岸的时空距离，提高城市间的交通通达性；加强广州、深圳、香港中心城市的辐射带动作用，促进粤港澳大湾区城市群的内部联系，分工与协作，优化城市群的空间结构。

【练习2】

（1）当地太阳辐射强，冬暖夏热，降水丰富，空气湿度大，建桥木料易变形、腐烂，加廊屋可以为"行人"遮阳、挡风、避雨，防水、防潮和防晒，保护桥梁。

（2）该地当年受连续强降水影响，引发特大洪水，甲处河道弯曲且由宽变窄，致使河流流速加快，水位暴涨，对桥造成强大冲击；丙处冲沟的地势陡峻，遇强降水引发大量挟带泥沙、石块、树木等杂物的洪流摧毁桥梁。

（3）夏伐：夏季降水丰富，河水水位高，流速快，便于采伐区的木料顺河漂流至桥址。秋晾：秋季降水较少，天气干燥，利于木料晾干。

（4）当地森林资源丰富，建桥的原料丰富；相对于石材，木料更轻便，不仅便于运输，且易于加工，建造成本低。

笔记（提取试题其他思维模板）

微专题 49　滑雪场

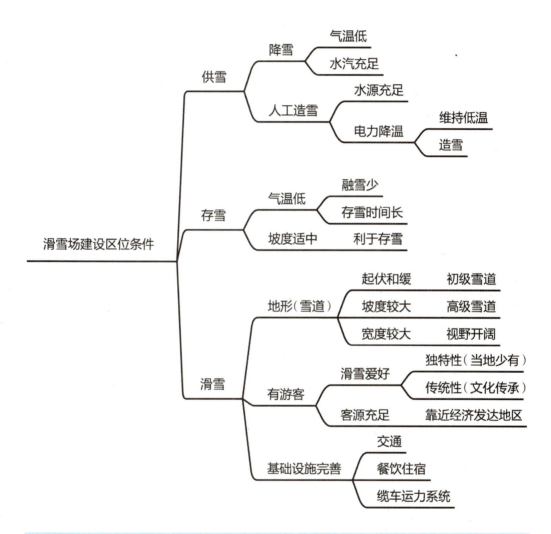

阅读图文材料，回答下列问题。

"北京 2022 年冬奥会"申办成功带来了"全民上冰雪"热潮。近年来，浙江省建立了 10 余个室外人工滑雪场。这些滑雪场散布于全省各地的山地丘陵中，且多建于当地旅游景区内或其附近。雪道厚度一般维持在 1 米以上，建设和维护成本较高。目前，浙江省滑雪场多为初级雪道，主要接待一日体验型滑雪者，平均接待人次和旅游收入排在全国前列。下图示意浙江省主要滑雪场分布。

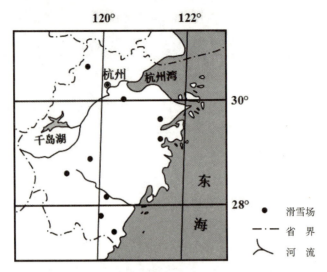

（1）分析浙江省室外滑雪场布局分散的原因。

（2）说明滑雪场建于旅游景区内或其附近的益处。

（3）解释浙江省室外滑雪场雪道建设和维护成本较高的原因。

（4）有人建议浙江省各滑雪场应由一日体验型向多日度假型转变，并增建酒店和中高级雪道。你是否赞同此建议，请表明态度并说明理由。

【练习2】

阅读图文材料，回答下列问题。

阿特拉斯山脉位于非洲西北部，主峰海拔4 165米，山顶终年积雪，山区自然风光独特；其山南北自然环境差异大，山脉东南部一年四季烈日炎炎，热浪滚滚，沙漠广布，山麓地带有喜温湿的棕榈分布；阿特拉斯山西北部地区气候宜人，花木繁茂，风景如画，有"北非花园"的美称。

阿特拉斯山脉的托布卡尔山滑雪场配备了6条缆车，拥有非洲最高的滑雪缆车，坐落在海平面以上3 273米处。雪场拥有5条难度不同的雪道，最长的可达2 000米，可以满足大部分的滑雪爱好者。雪季从1月至3月底，该雪场是摩洛哥首屈一指的滑雪胜地。

下图为阿特山及周边地区示意图。

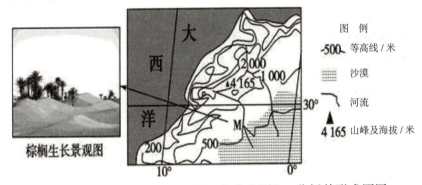

（1）阿特拉斯山一面是沙漠，一面是"北非花园"，分析其形成原因。

（2）简述M地有棕榈树生长的自然条件。

（3）阿特拉斯山区适宜发展高山滑雪，试分析其有利条件。

参考答案

【练习1】

（1）山地丘陵广布，冬季山区气温低，可建人工滑雪场的地点多；南方居民对雪和滑雪有好奇心，各地都有滑雪市场的需求；多为体验型滑雪者，就近体验即可满足其好奇心。

（2）便于利用旅游景区的基础设施和对外交通条件；有利于提高滑雪场的知名度，吸引更多的滑雪爱好者。

（3）因无天然积雪，初始造雪量大，人工造雪要消耗大量电力和水资源；气温较高，融雪快，需要经常补雪。

（4）赞同：增建酒店可满足滑雪者的度假需求；增建中高级雪道可满足当地运动型滑雪者需求；可增加滑雪者逗留天数，有利于提高滑雪场收入。

反对：滑雪期短，建设投资难以短期收回；发展度假型滑雪的竞争力弱，难于形成市场规模；雪场均向度假型转变不符合因地制宜原则。

【练习2】

（1）阿特拉斯山东南面受副热带高气压带的控制，炎热干燥，形成沙漠；西北面属于地中海气候；阿特拉斯山阻挡了沙漠的扩展和西风的深入。

（2）纬度低，热量丰富；有高山冰雪融水，水源充足；位于冲积扇，地形平坦，土壤肥沃。

（3）地势起伏大，落差大；冬季西风迎风坡，降雪丰富，积雪累积厚度大；海拔高，气温低，存雪时间较长；距欧洲等发达国家（客源地）近；配套设施完善，接待能力强。

笔记（提取试题其他思维模板）

微专题 50　夜光漫道

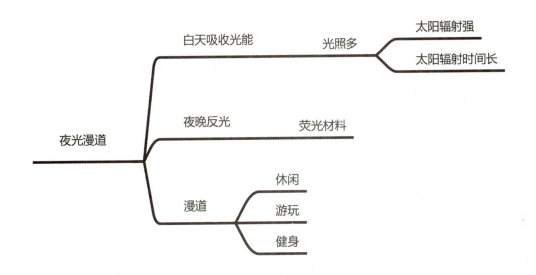

阅读图文材料，回答下列问题。

福建省晋江市东石镇海边"夜光漫道"长约 1 850 米。"夜光漫道"主要用树脂颗粒铺设路面，白天，荧光吸收热能，夜间便能发光照明。夜光漫道采用的人造夜光碎石为环保材料，自发光夜光发光效果良好，但积水和泡水会降低发光效果，所以施工时地面必须干燥，无潮气。

（1）说明东石镇修建"夜光漫道"的有利气候条件。

（2）推测东石镇修建"夜光漫道"可能遇到的问题或困难。

（3）说明东石镇修建"夜光漫道"的作用。

参考答案

（1）东石镇纬度低，太阳辐射强；夏天白昼时间长，晴天多，光照时间长。白天有利于吸收光能（热能），储藏用于夜晚发光。

（2）东石"夜光漫道"位于海边，潮气重，不利于修建；东石镇夏季降水多，积水和泡水会降低发光效果。

（3）增加城镇景观，美化环境；增加人们休闲、游玩和健身的去处；有利于提高人们的生活品质。

笔记（提取试题其他思维模板）

微专题 51　雾凇

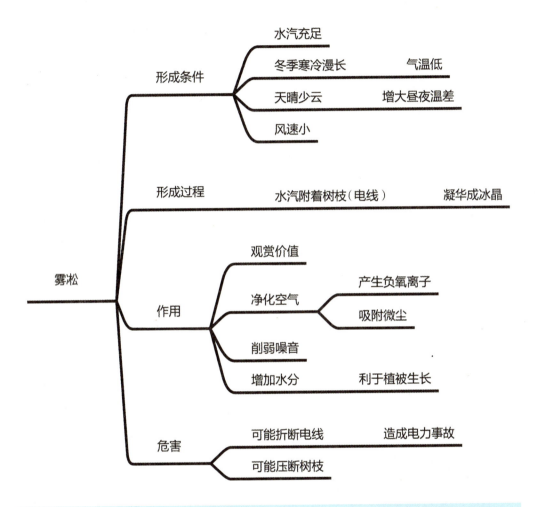

阅读图文材料，回答下列问题。

荒漠植被在防风固沙及维持荒漠生态系统的稳定等方面有重要作用。下图所示沙漠 G 为我国最大的固定半固定沙漠，年降水量在 150 毫米左右，冬季有稳定积雪覆盖。该沙漠的植被较其他沙漠茂密，但植被覆盖率年内差异较大，主要植被有多年生灌木、一年生和短命植物，在春季一派草原景象。

雾凇通称"树挂"，是水汽遇冷凝结在枝叶上形成的冰晶。该沙漠地区冬季常出现雾凇现象，雾凇的出现与该地温度、湿度、风速等气象条件关系密切。观察发现雾凇在日出后两小时内大部分飘落到雪面，较我国吉林地区持续时间短。研究表明，冬季雾凇和积雪覆盖对该沙漠地区生态系统的稳定起到了重要作用。

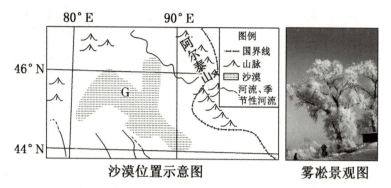

沙漠位置示意图　　　雾凇景观图

（1）说明该沙漠地区"在春季一派草原景象"原因。

（2）分析该沙漠冬季有利于雾凇出现的条件。

（3）简述冬季雾凇及积雪对该地区生态系统的稳定所带来的积极影响。

【练习2】

阅读图文材料，回答下列问题。

为了排除老丰满水电站大坝存在垮塌的隐患，国家电网公司决定在老电站下游120米处重建一座新丰满水电站。新电站将新建6台20万千瓦水轮发电机组，库容量与老电站几乎相同，并部分保留了原有发电机组。往年，冬季老电站水轮发电机组工作使下泄江水水温升高至4℃以上，大坝下游附近暖水河段水汽大量蒸发，遇冷凝华的雾气形成小冰晶挂在树上，从而形成了我国四大气象奇观之一的"吉林雾凇"。2018年10月至次年4月，为了拆除老电站，部分大坝老电站降低了库区水位，部分发电机组停工，导致当年冬季"吉林雾凇"景观面积锐减。下面图1示意丰满新、老水电站大坝的位置及"吉林雾凇"景区范围，图2为"吉林雾凇"景观图。

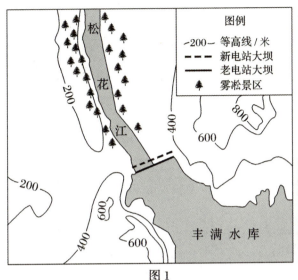

图 1

图 2

（1）指出新电站维持和老电站相同库容量的好处。

（2）说明老电站在新电站工程建设中起到的积极作用。

（3）分析 2018 年冬季"吉林雾凇"景观面积锐减的原因。

参考答案

【练习 1】

（1）地处西北内陆沙漠腹地，冬季气温较低；有稳定积雪；春季气温回升；积雪融化下渗使土壤水分含量上升，促使植被生长，因而春季一派草原景象。

（2）气温：地处中纬度大陆内部沙漠地区，冬季降温显著，盆地中央冬季冷空气聚集，地表温度低，有利于水汽遇冷凝结。湿度：开口向西，有利于西风所携带的湿润气流进入，冬季地表有稳定积雪覆盖，进一步增加大气湿度，有利于雾凇形成。风速：冬季风速较小有利于雾凇形成。植被：植被覆盖率较高，且灌木枝条纤细，有利于雾凇出现。

（3）雾凇飘落到雪面，增加了冬春季节积雪覆盖量；雾凇增加了该地区的水分，有利于沙漠地区植被的生长，保证了植被的覆盖率，从而有利于沙漠生态系统的稳定。

【练习2】

（1）新增淹没区面积小；移民搬迁费用少；诱发新的地质灾害（滑坡等）少。

（2）老电站大坝拦蓄河水，减小河流对工程建设的干扰（节约新电站围堰、截流成本）；老电站大坝拦蓄河水，便于自流取水；老电站部分发电机组和附属设施得到继续利用；老电站可以提供电力保障。

（3）大坝拆除期间正值雾凇形成时段；库区水位下降，运行的发电机组减少，下泄水温降低；大坝下游附近河段蒸发作用减弱；空气中的水汽含量减少，不利于雾凇景观的形成。

笔记（提取试题其他思维模板）

微专题 52　云霞

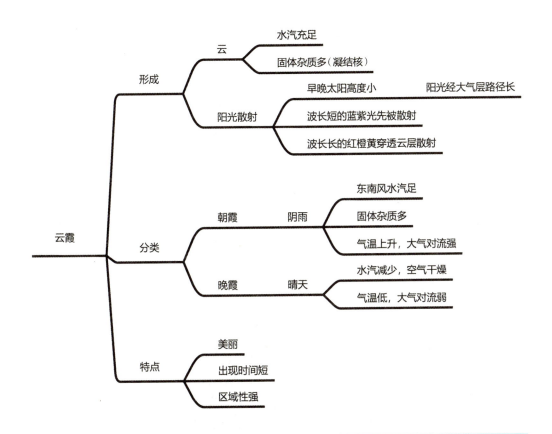

【练习 1】

阅读图文材料，回答下列问题。

霞是日出和日落前后，阳光通过厚厚的大气层，被大量的空气分子散射的结果，其有朝霞和晚霞之分。空中尘埃、水汽等杂质愈多，霞的色彩愈显著。如果有云层，云块也会染上艳丽的橙红色，成为火烧云，每当其一出现，都会成为人们朋友圈疯传的照片。同时，辛勤劳作的农民还总结出了"朝霞不出门，晚霞行千里"的谚语。

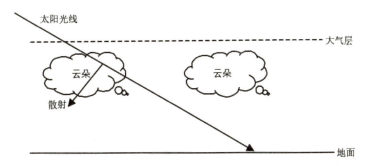

（1）描述霞的形成过程。

（2）推测"朝霞不出门，晚霞行千里"的原因。

（3）说明朝霞、晚霞、火烧云照片总会被人晒到朋友圈的理由。

参考答案

【练习1】

（1）早晨和傍晚，由于太阳高度角小，太阳光经过厚厚的大气层时太阳光中波长较短的紫、蓝、青等颜色的光最容易被散射，因此地平面上只剩下透射能力很强的红、橙、黄等颜色的光，这些光经过空气分子和杂质等散射后在天空形成绚丽色彩。

（2）日出前后出现鲜红的朝霞，说明大气中水汽和较大颗粒物较多，大气状态十分不稳定，预示云雨天气即将到来，随太阳高度升高，大气对流旺盛易形成阴雨天气；日落前后出现大红色、金黄色的晚霞，说明天气比较干燥，同时太阳下落后大气趋于稳定，大气对流较弱，空气较稳定，天气一般较好。

（3）美丽、壮观；出现时间短；区域性较强。

笔记（提取试题其他思维模板）

微专题 53　海市蜃楼

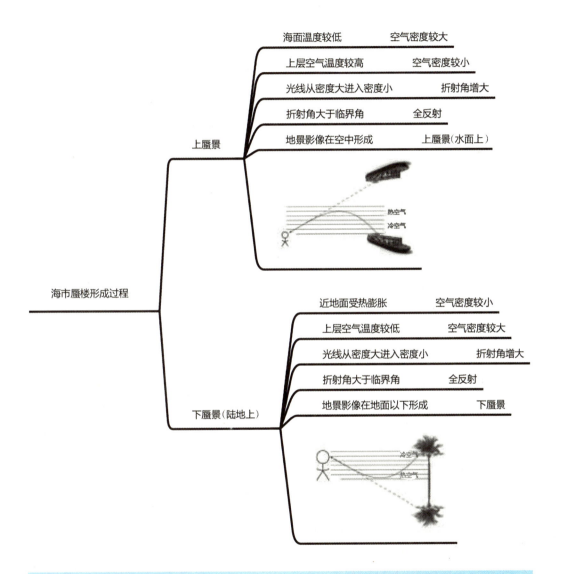

阅读图文材料，回答下列问题。

光线在不同密度的透明介质中传播时，传播方向发生变化的现象叫光的折射。入射光线和法线的夹角称为入射角，折射光线与法线的夹角称为折射角（图甲）。许多有趣的光学现象都与折射引起的光线弯曲有关。某些时候行驶在高速公路上，会看到前方不远处的路面上好像有一滩积水，车开过去后却发现路面干燥，没有积水。这些"积水"实际上是由于高速公路上方的空气存在密度差异，使天空向下传输的光线因折射而弯曲，将天空的图像"倒映"在路面上而形成的。这种现象和沙漠中的海市蜃楼成因一致。图乙反映了沙漠中海市蜃楼形成过程中光线的折射路径，图丙反映了沙漠海市蜃楼的形成过程。如图丙所示，沙漠中的海市蜃楼是光线向下传输时因发生折射而向上弯曲形成的，因此我们看到的海市蜃楼虚像位置往往低于实际物体，这种海市蜃楼被称为下蜃景。与此相反，还普遍存在虚像高于实际物体的海市蜃楼，被称为上蜃景。

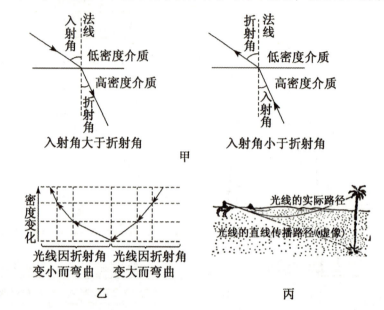

（1）判断高速公路多现"积水区"的季节，并说明此时高速公路上气温垂直分布特点。

（2）根据上述材料，利用大气受热过程原理，描述沙漠中下蜃景的形成过程。

（3）海面也是海市蜃楼的多发区域，海上海市蜃楼出现时往往伴随着雾气。试分析雾气形成的原因。

参考答案

【练习1】

（1）夏季。下热上冷；垂直差异显著。

（2）沙漠地区晴天多，夏季太阳辐射强，沙子的比热容小，吸收太阳辐射迅速增温，沙漠近地面空气温度较高；近地面空气受热膨胀，密度变小，而上层空气温度较低，密度相对较大；光线自上而下由密度较大的空气进入密度小的空气，折射角变大；当折射角增大到一定程度时，发生全反射而向上照射，形成下蜃景。

（3）海上水汽含量丰富；海市蜃楼出现时海面温度低，近海面的空气温度低，水汽析出；海上空气下冷上暖，大气稳定。

笔记（提取试题其他思维模板）

微专题54　冰雹

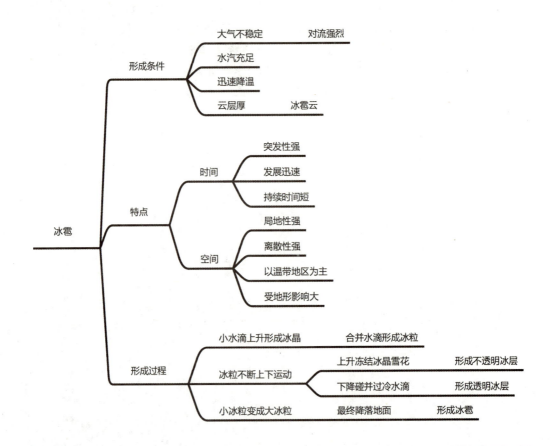

阅读图文材料，回答下列问题。

冰雹是强对流天气条件下发生的一种固态降水现象，常伴随雷雨大风和短时强降水，具有影响范围小、发展迅速、持续时间短等特点，是天气预报的难点。冰雹的发生除与特定的天气条件有关外，还与地形的复杂程度有关。川西高原位于青藏高原东南缘，地貌以高原和高山峡谷为主，冰雹是该区发生频率较高的重要灾害性天气之一，以5月冰雹日数最多，且以小雹（冰雹粒径小于5毫米）为主。冰雹粒径与水汽含量、积雨云层厚度有关。下图是冰雹形成示意图。

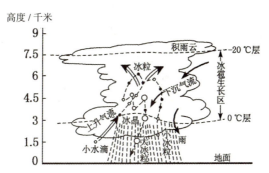

（1）据图中信息，概括冰雹的形成条件。

（2）解释川西高原冰雹 5 月多发的原因。

（3）简析川西高原冰雹以小雹为主的原因。

（4）说明冰雹始终是天气预报难点的理由。

【练习2】

阅读图文材料，回答下列问题。

冰雹是一种强对流天气，中纬度内陆地区是冰雹多发区。阿勒泰地区的北部为阿尔泰山，南部是准噶尔盆地，地势具有明显的阶梯状特点。

新疆阿勒泰观测点冰雹季节分布表

单位：次

月　份	12—2月	3—5月	6—8月	9—11月	合　计
次数	0	30	33	12	75

（1）说出该地区冰雹时空分布特点，并分析空间分布成因。

（2）简述冰雹对该地区农业生产的危害。

参考答案

【练习1】

（1）大气中水汽充足；大气垂直温差大，形成强烈的上升气流；大气不稳定，且积雨云层中上部温度低至 –20 ～ 0 ℃。

（2）5月，中低纬升温快，冷暖空气频繁交汇，大气不稳定；川西高原地形复杂，加剧大气的不稳定性；空气中水汽含量增大，白天地面增温快，对流旺盛；积雨云 0 ℃层高度偏低，上升气流降温快易凝固形成冰雹；近地面气温偏低，当冰雹形成后，在下降过程中不容易形成雨滴或消失。

（3）内陆高原，水汽含量较少，难以聚集成较大冰粒；川西高原海拔高，近地面气温低，大气上升气流较弱，冰雹在生长区往返次数少。

（4）在时间分布上冰雹具有突发性强、发展迅速、持续时间短的特点；在空间分布上冰雹具有影响范围小、离散性强（大多数冰雹降落点呈点状分布）的特点；复杂地貌所产生的局地强对流天气可能触发冰雹，增加预报难度。

【练习2】

（1）特点：春夏多、秋冬少；随海拔升高，次数增加。原因：山区水汽较丰富，地形对气流抬升作用明显。

（2）造成人、畜伤亡；农作物受损减产；牧场等农业设施遭受破坏。

笔记（提取试题其他思维模板）

微专题 55　台风

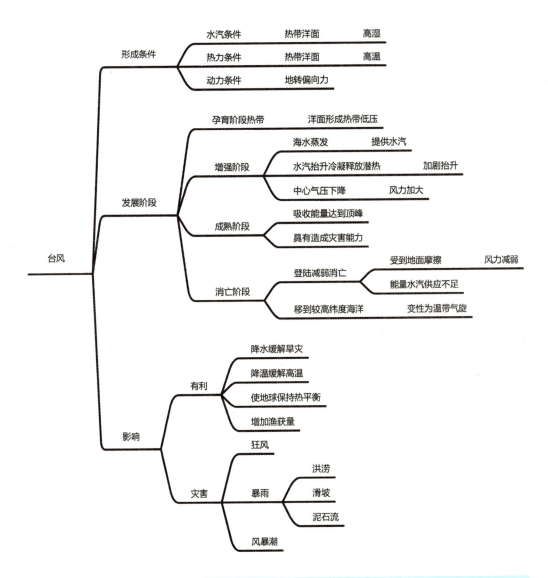

【练习1】

阅读图文材料,回答下列问题。

西北太平洋和南海是影响亚洲东部和南部的台风的发源地。每年影响我国的台风夏季多在福建、浙江登陆,秋季主要在广东和海南岛登陆。下图反映了影响我国的台风每月的平均生成数。

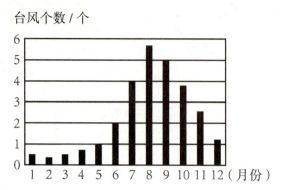

（1）分析影响我国的台风8、9月平均生成数最多的原因。

（2）说明影响我国的台风夏季多在福建、浙江登陆，秋季多在广东、海南岛登陆的原因。

【练习2】

阅读图文材料，回答下列问题。

热带气旋是发生在热带或副热带的深厚的低气压旋涡。在西北太平洋上，中心附近最大风力在12级以上的热带气旋，被称为台风。台风形成于洋面温度超过26℃的热带或副热带海洋洋面。西北太平洋海域上空台风发生的频率很高，一般发生在6—11月，因为这里有广阔的暖洋面，海水通过蒸发，能向大气提供充足的水汽，还有下热上冷的不稳定大气层结构，促使空气上升，水汽凝结致雨。台风形成后，一般会移出源地，并经历发展、减弱和消亡的演变过程。下图表示西北太平洋（局部）热带气旋路径频率（1949—2000年）。

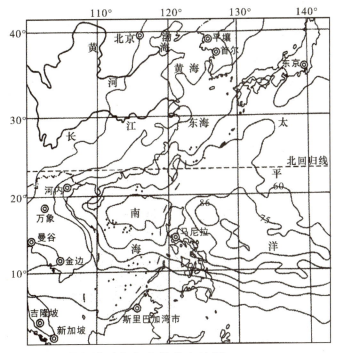

（1）说明图示区域热带气旋路径频率的分布特征。

（2）分析热带气旋很少向内陆地区深入的原因。

（3）分析图示区域9—11月台风威力仍然很强的原因。

（4）指出台风可能诱发的自然灾害。

参考答案

【练习 1】

（1）每年 8、9 月份是西北太平洋南海温度最高的时段，海水蒸发强烈，大气温度高且水汽充足；该时期本地区气流上升强烈，上升过程中水汽凝结释放热量，加剧气流抬升，有利于台风的形成。

（2）台风的移动方向深受（副热带高压形成的）盛行风的影响；夏季副高增强北移，东南季风强盛，所以影响我国的台风多在纬度偏高的福建和浙江登陆；秋季副高减弱且南移，且气温和海水高温中心南移，导致台风在我国的登陆地点偏南，多在广东和海南登陆。

【练习 2】

（1）热带气旋多在 15°N ～ 20°N 的太平洋洋面上生成，向南、北两侧和陆地减少；太平洋沿海地区（菲律宾、越南东部、我国东南沿海、韩国南部、日本）为陆上多发区，向内陆迅速减少。

（2）台风登陆后，地表摩擦力增大，风速减小；水汽迅速减少，凝结产生能量减少，台风中心上升气流缺乏动力，气压迅速升高，台风强度迅速减弱、消亡。

（3）7—9 月，太阳直射点位于图示区域附近，太阳辐射强，海水由于吸热慢，水温的变化滞后于太阳辐射的变化，9—11 月海洋仍然维持较高温度，为台风的形成和发展提供了充足的能量。此时北方冷空气南下，冷暖气团相遇，增加了风力和降水强度。

（4）暴雨洪涝、强（狂）风、风暴潮、滑坡、泥石流等。

笔记（提取试题其他思维模板）

微专题 56　龙卷风

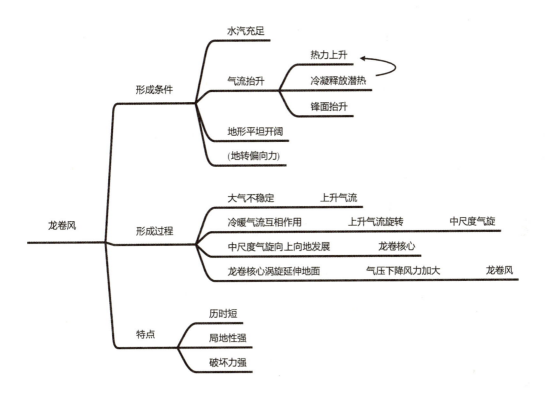

阅读图文材料，回答下列问题。

龙卷风是大气中强烈的涡旋现象。湿热气团强烈抬升，产生了携带正电荷的云团。一旦正电荷在云团局部大量积聚，吸引携带负电荷的地面大气急速上升，在地面形成小范围的超强低气压，带动汇聚的气流高速旋转，形成龙卷风。下图为美国本土龙卷风发生频次的分布示意图。在美国龙卷风多发区，活跃着"追风人"，他们寻找、追逐、拍摄龙卷风，为人们提供龙卷风的相关信息。

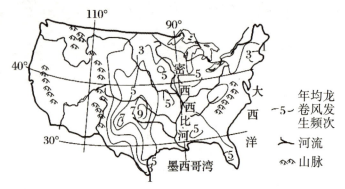

（1）读图，指出龙卷风多发区湿热气团的主要源地、抬升的原因，以及气流发生旋转的原因。

（2）分析美国中部平原在龙卷风形成过程中的作用。

（3）解释美国中部平原龙卷风春季高发的原因。

（4）说明龙卷风被人们高度关注的理由。

【练习2】

阅读文字材料，回答下列问题。

材料一：龙卷风是一种强烈的、小范围的空气涡旋，是在极不稳定天气下由空气强烈对流运动而产生的，是危害较大的气象灾害。

材料二：江苏东南沿海平原，河湖纵横，夏季龙卷风多发，给该区域造成严重的破坏。2016年6月23日下午4点左右，江苏盐城遭遇龙卷风和冰雹袭击，瞬时中心风力达到12级，成排树木被拦腰折断，建筑物被刮倒，村民被废墟掩埋，造成98人遇难，800多人受伤，灾情严重。

（1）结合所学知识，说出夏季江苏龙卷风多发区湿热气团的来源。

（2）分析夏季江苏龙卷风多发区湿热气团抬升的原因。

（3）分析此次龙卷风对盐城造成严重破坏的原因。

参考答案

【练习1】

（1）主要源地：墨西哥湾。

抬升原因：与北来的冷干气流（气团）交汇，湿热空气抬升；（地处中低纬，太阳辐射较强）下垫面温度较高，（湿热）空气受热抬升；湿热空气抬升过程中，水汽凝结，释放热量，加热并进一步抬升空气。

旋转原因：地转偏向力的作用。

（2）地势平坦，对气流旋转阻挡作用弱（摩擦力小）；平原南北延伸，面积广大，利于（南北向）冷暖气团交汇。

（3）北美大陆春季中低纬升温快，南北温差加大，气压梯度大，冷暖空气交汇频繁、强烈。

（4）强烈的涡旋，从地面至云端，壮观；历时短，局地性强，不易见到；破坏力大，对生命财产构成巨大威胁。

【练习2】

（1）太平洋和印度洋。

（2）西南季风、东南季风与北来的冷干气流（气团）交汇，湿热空气抬开，夏季太阳高度角增大，太阳辐射强，下垫面温度较高，（湿热）空气受热抬升；湿热空气抬升过程中，水汽凝结，释放热量，加热并进一步抬升空气。

（3）此次龙卷风形成速度快，存在时间短；风力巨大，风速大；狂风伴随暴雨、冰雹，人员无处躲藏；风卷积起来的大小杂物多；人口稠密，聚落密集；监测预报难度大，预警时间极短；等等。

微专题 57　雷暴

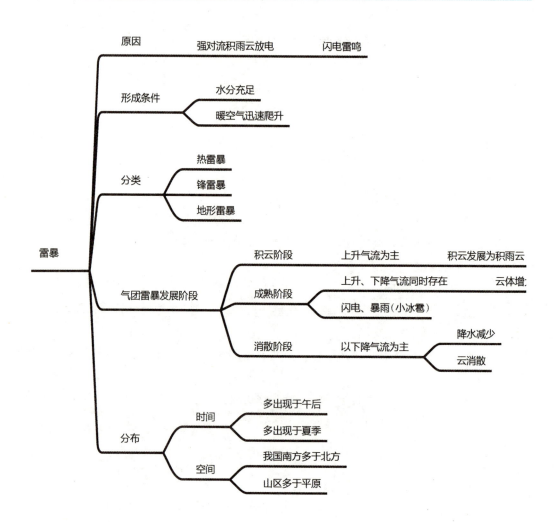

- 雷暴
  - 原因 —— 强对流积雨云放电 —— 闪电雷鸣
  - 形成条件
    - 水分充足
    - 暖空气迅速爬升
  - 分类
    - 热雷暴
    - 锋雷暴
    - 地形雷暴
  - 气团雷暴发展阶段
    - 积云阶段 —— 上升气流为主 —— 积云发展为积雨云
    - 成熟阶段
      - 上升、下降气流同时存在 —— 云体增
      - 闪电、暴雨（小冰雹）
    - 消散阶段 —— 以下降气流为主
      - 降水减少
      - 云消散
  - 分布
    - 时间
      - 多出现于午后
      - 多出现于夏季
    - 空间
      - 我国南方多于北方
      - 山区多于平原

【练习 1】

阅读图文材料，回答下列问题。

雷暴是伴有雷击和闪电的局地对流天气。雷暴通常根据导致其空气上升的机制进行分类。因地表加热不均匀导致空气上升而形成的雷暴被称为气团雷暴。气团雷暴有两种类型：海风型雷暴常见于夏季的沿海地区；山峰雷暴发生于气团因地形抬升而上升时。在雷暴中小尺度分布的差异上，地形、海陆风和日最高气温等的作用较大。海南岛是我国雷暴多发地区之一。下图为海南岛夏季月平均雷暴日数分布图。

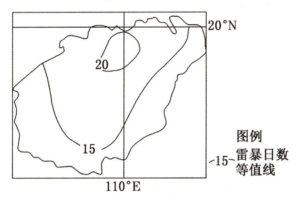

（1）海风型雷暴属于源地性气团雷暴。说出形成海南岛海风型雷暴气团的源地和运动方向。

（2）夏季，我国雷暴天气整体南多北少，而海南岛却北多南少。据此推测海南岛日均最高气温分布特点，并说明其对北部雷暴天气形成的作用。

（3）海南岛五指山（海拔 1 867 米）地区白天雷暴活动明显多于周边地区。从地形角度分析产生这一现象的原因。

（4）雷暴常产生强降水天气，并衍生其他灾害。若你计划暑假到海南岛山区野外研学，应注意防避哪些衍生灾害？

【练习2】

阅读图文材料，回答下列问题。

雷暴是暖湿空气在不稳定环境中强烈上升形成的，常伴有闪电等天气现象。某年7月18日，有雷暴越过洪泽湖，历时约1小时，雷暴强度发生了明显变化。雷暴强度与闪电发生的次数呈正相关。下图为该雷暴天气系统过境洪泽湖时闪电发生的时空分布状况示意图。据此完成（1）～（2）题。

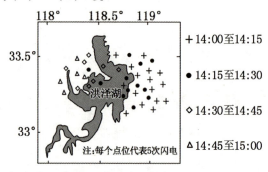

（1）此次雷暴天气系统过境洪泽湖的方向是（　　）

A. 自东向西　　　　B. 自西向东　　　　C. 自北向南　　　　D. 自南向北

（2）此次雷暴天气系统过境洪泽湖，其强度发生变化的主要原因是（　　）

A. 湖面摩擦力小　　　　　　　　　　B. 空气对流减弱

C. 水汽得到补充　　　　　　　　　　D. 热量得到加强

参考答案

【练习1】

（1）气团源地：海南岛周围海域。气团运动方向：先由海南岛周围海域向陆地运动，登陆后再做上升运动。

（2）特点：北部高，南部低。作用：北部日均最高气温较高，对流旺盛，利于形成雷暴天气；北部海陆之间温差较大，使陆地空气上升形成雷暴天气。

（3）五指山白天四周山坡受热产生上升气流，在山顶附近汇合上升，同时由于山顶的气温会高于其周围同等高度大气的气温，加剧气流上升形成雷暴天气；白天由沿海深入内陆的海风遇山地阻挡，使空气抬升形成雷暴天气。

（4）山洪、滑坡（崩塌）、泥石流等衍生灾害。

【练习 2】

（1）A。读图可知，最早发生闪电的时间段是 14：00 至 14：15，闪电发生区域主要位于洪泽湖东岸；最晚发生闪电的时间段是 14：45 至 15：00，闪电发生区域主要位于洪泽湖西岸；14：15 至 14：45 发生闪电的区域主要位于上述两区域之间。因此，可推断此次雷暴天气系统是由东向西过境洪泽湖的，故选 A。

（2）B。读图可知，此次雷暴天气系统由东向西过境洪泽湖后，发生闪电的次数明显减少，发生区域明显缩小，主要是受水的热容量大的影响。夏季洪泽湖水域增温比周边陆地慢，为冷源，雷暴天气系统移动到洪泽湖上空时，受洪泽湖降温作用影响，空气对流减弱，B 对。湖面摩擦力小、水汽得到补充和热量得到加强等应该有利于增强雷暴天气系统的活动强度，A、C、D 错。

笔记（提取试题其他思维模板）

微专题 58 通风走廊

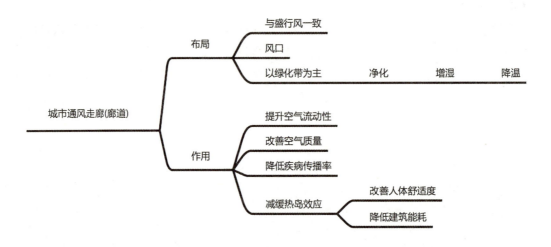

【练习 1】

阅读图文材料，回答下列问题。

城市通风走廊能够提升城市的空气流动性，缓解热岛效应，改善人体舒适度，降低建筑物能耗。近年来，我国许多城市将城市通风走廊纳入城市规划中并加以实施。下图为贵阳市花溪区（位于贵阳市南部）南部组团一级通风走廊剖面示意图。

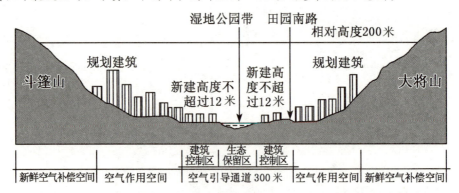

（1）推断花溪区南部组团一级通风走廊的基本走向，并阐述推断的理由。

（2）分析花溪区将交通主干道及两侧绿化带等区域作为通风走廊用地的主要原因。

（3）简述花溪区南部组团新鲜空气补偿空间布局于山坡上的目的及原因。

（4）说明花溪区南部组团建筑物的高度随地势变化而变化的原因。

【练习2】

阅读图文材料，回答下列问题。

首都北京正在研究打造"5条宽度500米以上的一级通风廊道"，利用廊道中的生态用地，达到改善城市环境的目的。

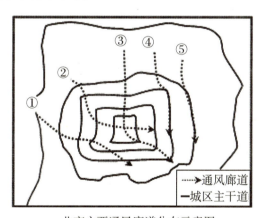

北京主要通风廊道分布示意图

推测通风廊道生态用地的用地类型，并分析其对城市环境的影响。

参考答案

【练习1】

（1）方向：东北—西南走向。理由：贵阳市位于云贵高原上，地处我国西南地区，冬季盛行东北季风，夏季盛行西南季风，故通风走廊的基本方向为东北—西南走向。

（2）交通主干道地面平坦，线路平直，空气流通性好；交通主干道两侧绿化带等区域植被覆盖率高，蒸发与蒸腾量大，对城外吹来的空气有净化、增湿、降温的作用。

（3）目的：为了获得新鲜、凉爽、湿润的空气。原因：花溪区位于山谷地带，受气温昼夜变化的影响，夜晚两侧山坡空气降温快，冷却下沉，形成山风；新鲜、湿润、凉爽的山风从山上吹到市区，可补充市区通风走廊新鲜空气的不足，故将新鲜空气补偿空间布局于山坡上。

（4）地势最低的区域是通风走廊的中心地带——空气引导通道，为了防止建筑物对流动空气造成阻挡，故严格控制建筑物的高度；随着距离空气引导通道越来越远，建筑物高度不断上升，提高了建筑用地的利用率。

【练习2】

组成：主要由公园、绿地、湖泊河流水面、道路组成。

影响：通风廊道走向以南北为主，有利于污染物（雾霾）的扩散；让郊区的冷空气更畅通地流动到市区，缓解中心城区的热岛效应；增加城市植被覆盖率，改善城市局地小气候。

笔记（提取试题其他思维模板）

微专题 59　温泉

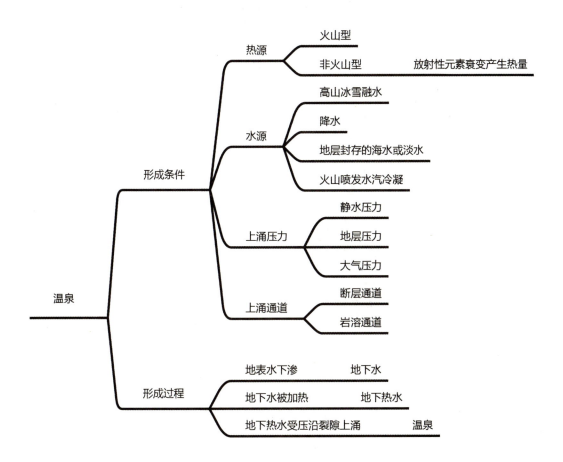

阅读图文材料，回答下列问题。

长白山地区是我国少有的天然矿泉水集中分布区。火山活动形成的玄武岩层、火山碎屑岩层及断裂构造带为矿泉水的形成提供良好的贮存空间、出露通道。丰沛的雨水和完整的森林环境使地表水不断下渗，在长期深层循环中溶解了围岩中的有益矿物成分和微量元素，从而形成了独特的长白山天然矿泉水资源。总部位于广州的恒大冰泉集团引进德国生产技术，在长白山区原始森林中建立矿泉水加工厂。目前，其瓶装矿泉水已出口到亚洲、欧洲、北美洲、南美洲、大洋洲等地区的28个国家，形成"一处水源供全球"的产销格局。

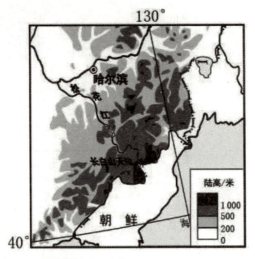

（1）说明长白山地区天然矿泉水的形成过程。

（2）分析长白山地区矿泉水水质优良的原因。

（3）试分析恒大冰泉集团"一处水源供全球"的产销格局的形成原因。

【练习2】

阅读材料，回答下列问题。

材料一： 黄山位于亚热带季风气候区，山高谷深，气候垂直分异明显，局部地区地形对气候起主导作用，形成特殊的山区季风气候，夏无酷暑，冬少严寒，空气湿度大，云雾多，降水多。

材料二： 黄山集八亿年地质史，融峰林地貌、冰川遗迹于一体，兼有花岗岩造型石、花岗岩洞室、泉潭溪瀑等丰富而典型的地质景观。前山岩体节理稀疏，多球状风化，后山岩体节理稠密，多柱状风化，山体峻峭，形成了"前山雄伟、后山秀丽"的地貌特征。黄山代表景观有黄山四绝：奇松、怪石、云海、温泉。

（1）简述地形对黄山云海形成的影响。

（2）从气候和地质两方面阐述黄山温泉的形成过程。

参考答案

【练习1】

（1）大气降水经森林涵养渗入地下，经玄武岩层、火山碎屑岩的长期融滤、矿化，源源不断地生成矿泉水，沿断裂带上涌出露地表。

（2）地下水在长期深层循环中溶解了围岩中的有益矿物成分和微量元素；植被茂密，人烟稀少，生态环境良好，人类活动强度小。

（3）长白山地区天然矿泉水储量大、水质优，分布集中；企业总部位于东南沿海，信息通达，交通便利，便于拓展国际市场；引进德国技术，生产工艺先进；欧美等发达国家和地区对高端饮用水的市场需求量大。

【练习2】

（1）黄山山高谷深，林木茂密，日照时间短；地处亚热带季风气候区，雨量充沛；空气湿度大，易成云致雾；峰顶和谷底、向阳处和背阴处温差大，山谷风明显，水分蒸发快；受山谷风的影响，云雾变幻诡谲。

（2）黄山断裂和垂直节理发育；雨量充沛，地表水下渗为地下水，与炽热的岩体接触，转变成地下热水；地下热水沿断层或裂隙上升到地表，形成温泉。

笔记（提取试题其他思维模板）

微专题60　河流阶地

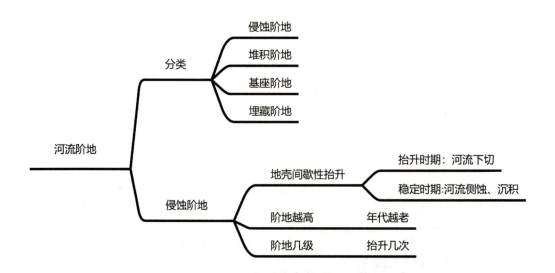

【练习1】

　　下图为某河流上游河段的单侧断面示意图。该河段两岸依次分布着海拔不同的四个平坦面 T_0、T_1、T_2、T_3，平坦面上均堆积着河流沉积砾石。砾石的平均砾径 $T_3 > T_0 > T_2 > T_1$。洪水期河水仅能淹没 T_0。据此完成（1）～（3）题。

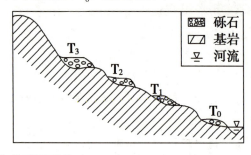

（1）面积仍在扩大的平坦面是（　　　）。

A. T_0　　　　　　　B. T_1　　　　　　　C. T_2　　　　　　　D. T_3

（2）该断面河流流速最大的时期为（　　　）。

A. T_3 形成时期　　B. T_2 形成时期　　C. T_1 形成时期　　D. T_0 形成时期

（3）推测该河段所在区域的地壳经历了（　　　）。

A. 持续下降　　　B. 持续抬升　　　C. 间歇性下降　　　D. 间歇性抬升

【练习2】

阅读图文材料，回答下列问题。

河流阶地是沿河分布的阶梯状地形（如图），是常见的河流泥沙堆积地貌之一，部分河流阶地是在构造运动和气候变化共同作用下形成的：地质构造作用（局部陆地垂直运动）引起流水作用变化，从而影响阶地的发育；气候变化是气温、降水变化，导致河流的冲淤变化，从而影响阶地的形成。河流阶地又往往是区内人类居所、农田、道路、工矿建设的主要分布场所。

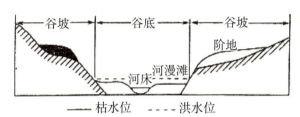

（1）河流阶地是内外力共同作用形成的，分析图中河流阶地形成的原因。

（2）在漫长的地质历史时期，气候偏暖湿时，河流阶地形成过程中主要表现为下切作用。分析其合理性。

（3）河谷地区往往是人类文明的发祥地，分析大面积的河流阶地能形成高产农田的有利条件。

参考答案

【练习 1】

（1）A。据材料"目前洪水期河水仅能淹没 T_0"，可知目前只有 T_0 会有河水经过，河水携带泥沙沉积导致 T_0 平坦面面积仍在扩大，故选 A。

（2）A。河流流速越大，携带泥沙能力越强，河流沉积颗粒越大，T_3 时期砾石平均砾径最大，因此 T_3 时期该断面流速最大，故选 A。

（3）D。从图像可以看出，该河段断面沉积物不是连续分布，而是间断性分布，由此推断，T_3 时期，地壳相对稳定，河流流经，沉积颗粒 T_3，而后，地壳抬升，河流下切侵蚀；至 T_2 时期，地壳再次相对稳定，沉积颗粒 T_2，而后，地壳抬升，河流再次下切侵蚀；T_1 过程，地壳相对稳定，沉积颗粒 T_1，地壳抬升，河流下切侵蚀；直至沉积 T_0，由此判断该河段所在区域的地壳经历了间歇性抬升，故选 D。

【练习 2】

（1）河水从上游携带大量的泥沙，长期在此沉积形成厚厚的沉积层；地壳抬升，河流下切侵蚀增强，当洪水位低于沉积层顶部时，就形成阶地。

（2）气候偏暖湿时（温度升高，降水增加），流域中植被恢复较好，对地表土壤侵蚀减弱，河流沉积物搬运量减小；降水量及冰川融水则呈增加的趋势，河流径流量增大，流水搬运能力逐渐超过被搬运物质的沉积能力，最终引起河谷发生下切。

（3）平坦便于种植；排水良好，土壤不会过湿；离河较近，便于灌溉，且不易受洪水侵袭；土层深厚且疏松，利于作物根系发育；冲积平原土壤肥沃。

笔记（提取试题其他思维模板）

微专题61　蛇曲、曲峡

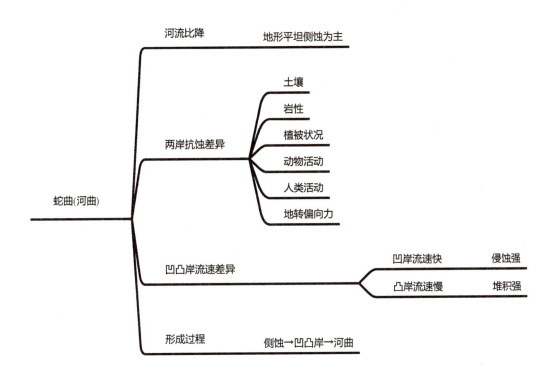

阅读图文材料，回答下列问题。

河流曲流大多发育在地表相对平坦、物质软硬适度的区域，其形状似希腊字母"Ω"，但在太行山崇山峻岭的峡谷中竟然也穿行着这种曲流。考察发现，地质史上太行山区曾经是平原，分布着许多河流，后期缓慢隆起形成高大山地。

曲流景观是大自然的杰作，但受到人类的干预越来越多，许多曲流景观正在消失。图1示意分布在内蒙古高原东部草原上的曲流，图2示意分布在太行山区深邃峡谷中的曲流。

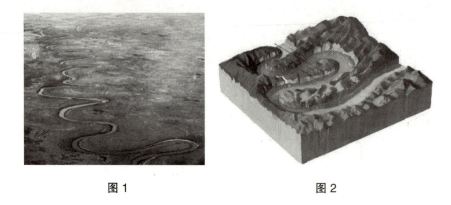

图1　　　　　　　　　　图2

（1）推测内蒙古高原东部草原地表曲流分布较多的自然原因。

（2）阐述镶嵌在太行山区峡谷中的曲流的形成过程。

（3）分析目前在长江中下游平原几乎见不到曲流的人为原因。

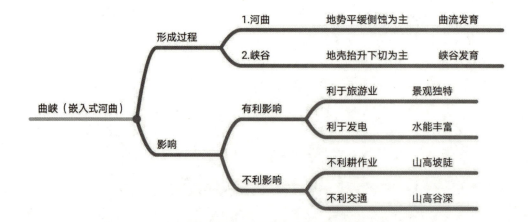

【练习2】

阅读图文材料，回答下列问题。

"曲峡"是指形成于山地中的曲流峡谷，多是由古平原面上的曲流发育而成。在太行山区，从南向北分布数条河流。这些河流流经的太行山主脉地区是"曲峡"分布密集区。图1示意太行山区典型"曲峡"分布地段，图2示意太行山某"曲峡"景观。

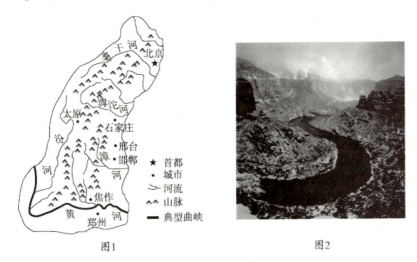

图1　　　　　　　　　　　　　图2

（1）从气候角度分析太行山区的河流典型水文特征。

（2）描述太行山"曲峡"的形成过程。

（3）说明太行山"曲峡"给当地生产、生活带来的影响。

参考答案

【练习1】

（1）高原地形平坦开阔，河流落差较小，河流在侧蚀和堆积作用下易形成曲流；草原土壤多植物根系固结，河岸抗侧蚀能力较强，曲流形成后能够得到长期的保留。

（2）太行山区在地质史上地形平缓，河流形成曲流；后来，地壳缓慢抬升形成太行山，河流落差不断加大，河流不断下切侵蚀形成峡谷，原来的曲流形态保留在峡谷中。

（3）修筑防洪大堤，使曲流难以形成；对曲流进行人工裁弯取直以利于防洪和航运，使曲流难以保留。

【练习2】

（1）太行山区属于温带季风气候，降水季节变化明显，河流径流量季节变化大；降水集中于夏季，河流汛期以夏汛为主；最冷月均温在0℃以下，河流有结冰期。

（2）第一阶段，地质时期太行山地区地势平缓，河流侧蚀作用明显，曲流发育；第二阶段，地壳抬升，河流下切作用增强，但保留和继承了曲流的形态，逐渐演变成"曲峡"。

（3）有利影响："曲峡"景观独特，利于发展旅游业；水能资源丰富，利于筑坝发电。不利影响："曲峡"地区山高坡陡，不利于发展耕作业；山高谷深，交通不便。

笔记（提取试题其他思维模板）

微专题62 辫状河

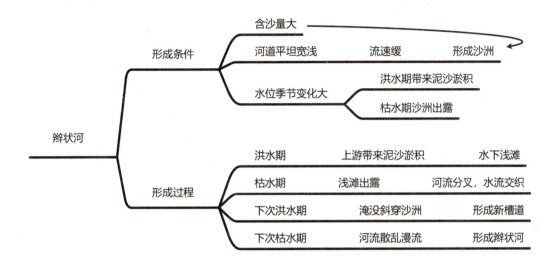

阅读图文材料，回答下列问题。

青藏高原被誉为"中华水塔"，多大江大河源区，生态敏感脆弱。辫状水系指由许多汊流构成的水流交错、形似发辫的水系，常发育在三角洲、冲（洪）积扇、山前倾斜平原上。

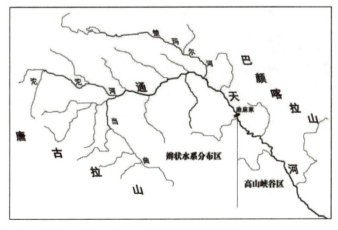

（1）说明辫状水系分布区与高山峡谷区的地势差异。

（2）推测辫状水系的形成条件。

（3）简述辫状水系在维护青藏高原生态中的价值。

阅读图文材料，回答下列问题。

雅鲁藏布江中游河谷风沙地貌发育普遍且典型，河岸两边有让人过目不忘的沙坡地独特景观。以河漫滩为依托，沿山坡爬升，常形成高差大于200米的爬升沙丘。是一条流淌在沙漠上的江，简称为"沙江"，两岸河谷平原宽广，形成辫状水系，中游汇集了几条主要支流。流域内沙漠化土地面积占流域土地总面积13.1%，且沙漠化具有继续发展的趋势。这里阡陌相连，人烟稠密，是西藏最主要的和最富庶的农业区。

（1）分析雅鲁藏布江中游宽谷多形成辫状水系的原因。

（2）说明雅鲁藏布江河谷爬升沙丘形成的过程。

（3）说明雅鲁藏布江中游宽谷近年土地沙化面积增加的原因。

参考答案

【练习 1】

（1）辫状水系分布区地势较高，高山峡谷区地势较低；辫状水系分布区地势开阔，较为平坦；高山峡谷区落差巨大，多深切河谷。

（2）地势开阔平坦；径流不稳定；河流含沙量大。

（3）调节气候；涵养水源；维护生物多样性；提供生态用水，促进生态稳定。

【练习 2】

（1）洪水期含沙量大；洪水流出山口，河谷比较开阔，地势平坦，河流流速变缓，泥沙沉积形成沙洲；流域水位季节变化大，枯水期宽阔的河道沙洲凸显形成辫状景观。

（2）在冬春干旱季节，河流水位低，河漫滩及沙洲上的细沙裸露，受河谷地形影响，风力强劲，把堆积在宽谷地带的细沙吹送到江岸山坳或坡上。

（3）从上游及支流带来大量泥沙在中游河段沉积，沙滩面积扩大；冬春干旱季节，风力作用扩大沙化面积；中游河段人口密集，农业发达，过度开垦导致土地沙化面积增加。

笔记（提取试题其他思维模板）

微专题 63 河流改道

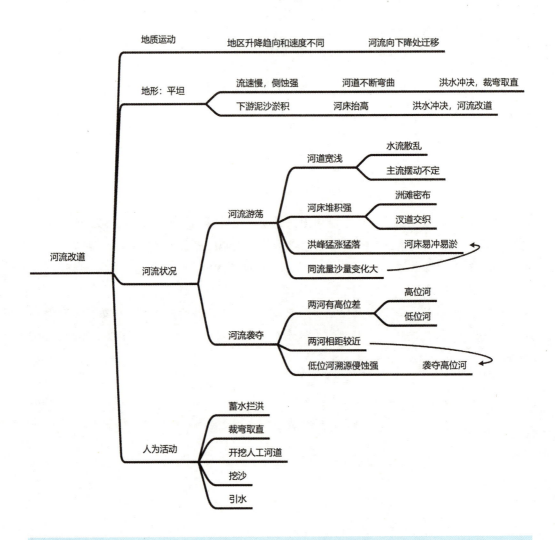

【练习1】

阅读图文材料，回答下列问题。

下图所示地区长江干流在演变过程中河道摆荡剧烈，形成长江故道（已改道的旧河道）。每年汛期，长江水会通过连接通道流入故道。

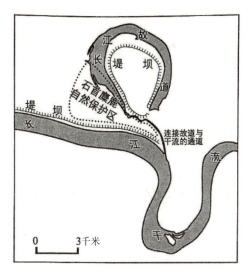

　　麋鹿多生活在暖湿的湿地中。湖北省石首麋鹿自然保护区由水域和洲滩湿地组成，植物类型多样，既有适合麋鹿食用的湿生、水生植物，又有生长迅速的旱生杂草。

（1）从地形角度分析长江在该河段发生改道的原因。

（2）分析长江洪水对保护区湿生、水生植物生长的有利影响。

（3）该地麋鹿生存受持续干旱、持续强降水和冰冻雨雪等极端天气影响巨大。请在三种极端天气中任选一种分析其对麋鹿的影响。

【练习2】

阅读图文材料，回答下列问题。

黄河从内蒙古自治区托克托县河口镇（今河口村）开始由向东流转为向南流，一直到与渭河交汇的地方——潼关，流域内主要为温带季风气候。河口至潼关河段被称为北干流。此河段中从河口镇到龙门镇的黄河干流位于晋陕峡谷，落差较大，水力资源丰富，被称为大北干流。龙门镇至潼关河段被称为小北干流。小北干流属于淤积性游荡型河道，洪水具有峰高、量大和含沙量大的特点；泥沙大量淤积，河道宽浅，水流散乱，主流游荡不定，历史上有"三十年河东，三十年河西"之说。黄河出龙门镇后骤然放宽，两岸分布有大量滩地，经小北干流在潼关河道收缩，折向东流。下图为小北干流位置图。

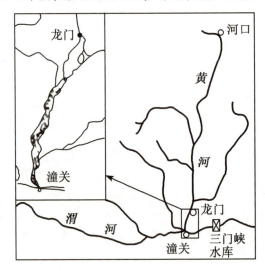

（1）说出小北干流大量滩地的形成过程。

（2）分析小北干流有"三十年河东，三十年河西"之说的原因。

（3）小北干流宽阔的河道形成了大面积的湿地，简述此处湿地的作用。

（4）小北干流是黄河中游地区治理的难点，推测加固堤防工程的施工季节并说明理由。

【练习3】

阅读图文材料，回答下列问题。

远古时代，长江流域绝大部分被古地中海覆盖，随着地壳不断运动，长江中游南半部隆起成陆地，古长江自东向西流入古地中海。约1.4亿年前，长江中游巫山山脉形成，古长江在其西侧流入四川盆地，在其东侧流入江汉盆地。后来，随着青藏高原隆起，古地中海消失。距今300万年时，喜马拉雅山强烈隆起，巫山两侧河流溯源侵蚀进一步加剧，东侧河流成功袭夺（分水岭两侧，侵蚀力强的河流切穿分水岭抢夺侵蚀力较弱河流上游河段的现象）西侧河流，古长江东流而去，形成长江三峡雏形。第四纪，巫山山脉继续抬升，长江三峡峡谷（如下图）最终形成。

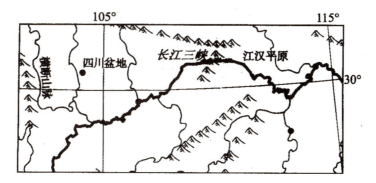

（1）指出古长江自东向西流入古地中海的自然条件。

（2）从地貌、气候、水系特征等方面分析喜马拉雅山脉和青藏高原隆起对古长江的影响。（6分）

（3）说明巫山山脉两侧河流溯源侵蚀、袭夺的过程。

（4）推测长江三峡峡谷未来变宽的必要条件。

参考答案

【练习1】

（1）该河段地形平坦，河流流速较慢，侧蚀明显，使河道不断弯曲，被洪水冲决而裁弯取直形成新河道。

（2）长江洪水含沙量大，带来肥沃的土壤；洪水会淹死部分旱生杂草，为湿生、水生植物提供生存空间。

（3）持续干旱：保护区湿地面积减少，旱生杂草扩张，湿生、水生植物减少，麋鹿的生存空间和食物减少，麋鹿数量减少。

持续强降水：长江洪水大量流入保护区，淹没麋鹿觅食空间，水体变质易暴发疫情，麋鹿数量减少。

冰冻雨雪：植物遭受冻害或冰雪覆盖地面，使麋鹿觅食困难，且快速降温导致麋鹿死亡率升高，麋鹿数量减少。

【练习2】

（1）大北干流段夏季降水集中，多暴雨，众多支流从黄土高原带来大量泥沙，大北干流位于峡谷，流速快，泥沙不易沉积；出龙门后的小北干流河段河道展宽，流速减慢，泥沙淤积严重；枯水期河流水量少，河面较低，形成众多滩地。

（2）小北干流段地势平坦开阔，受地转偏向力影响，易发育河曲；洪水期，来水量大会促进河流自然裁弯取直，使河道频繁变迁。

（3）为生物提供栖息地，保持生物多样性；降低河流流速，截留泥沙，减少泥沙在三门峡水库的淤积；湿地面积广阔，在洪水期能起到一定的蓄洪作用。

（4）春季。理由：夏秋季黄河水量大，不易安排施工；冬季寒冷，施工难度大。

【练习3】

（1）地势东高西低；古地中海范围大，靠海近；水量条件能够满足流程需要。

（2）地形隆起使古长江落差加大，流水下切，侵蚀作用增强，峡谷地貌发育；隆起地形阻挡大洋水汽，形成地形雨，增加降水量；改变了区域东高西低的地形地势特征，使古长江流向发生改变，逐渐自西向东流。

（3）青藏高原隆起，巫山西侧古长江水系开始折向东流，巫山两侧河流溯源侵蚀加剧；喜马拉雅山脉强烈隆起，巫山西侧古长江流域地势整体抬升，两侧河流溯源侵蚀进一步加剧，最终东侧河流切穿山脉，成功袭夺西侧河流。

（4）地质条件稳定，峡谷地貌基本格局不变；长江水量稳定，流水侧蚀作用保持或增强。

笔记（提取试题其他思维模板）

微专题 64　河道渠化

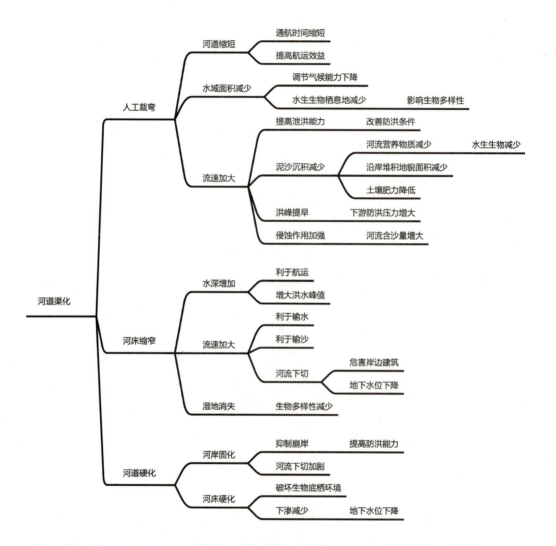

【练习 1】

阅读材料，回答下列问题。

近年来，许多城市为了防洪、排涝、引水、航运等目的，对流经城区的自然河道采取渠化办法，将蜿蜒曲折的天然河流改造成直线或折线形的人工河，把自然河流的复杂形状变成梯形、矩形及弧形等规则几何断面，将河流边坡甚至河床采用混凝土、砌石等材料硬化虽然美观实用，但是给河流生态带来了严重影响。

分别说明上述渠化措施对河流生态造成的影响。

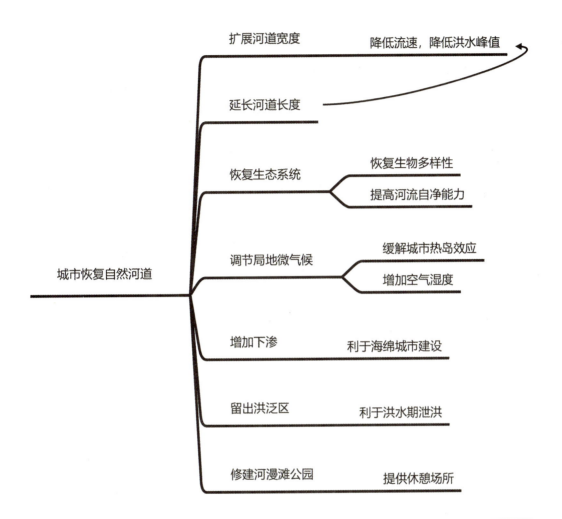

【练习2】

阅读材料，回答下列问题。

韩国首尔市的清溪川，历史上是一条著名的河流。20世纪五六十年代，随着人口增长和工业发展，清溪川的水质迅速恶化，后被覆盖为暗河，并在其上兴建了高架道路。2003年，当地启动"清溪川复原工程"：恢复自然河道；在河流两岸修建生态公园；建设独立排污系统，对生活污水进行隔离处理；拆除高架道路，兴建各具特色的横跨河道的桥梁。

说明"清溪川复原工程"对改善当地环境的作用。

【练习3】

阅读图文材料，回答下列问题。

随着环保理念的变化，一些城市开始拆除钢筋混凝土构筑的渠化河道，对河道进行重新规划设计。某城市拆除原有的渠化河道，将防洪河堤向远离河流的两岸后撤，留出更宽的洪泛区，让河流在河堤内的洪泛区中演变成近自然的蜿蜒曲折形态（如图）。除了自然河道的水生植物，人们还在洪泛区的河漫滩上合理规划人工绿道，使其成为城市一道亮丽的风景。

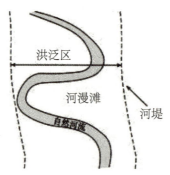

与原有的渠化河道相比，简述新规划设计的合理性。

参考答案

【练习1】

将曲折的天然河道改造成直线或折线形的人工河，缩短了河流长度，加大了河流流速，影响水深和河水冲淤（引起河道下切、地下水位下降）；把自然河流的复杂形状变成梯形、矩形及弧形等规则几何断面，减少了河道宽度，增大了洪水峰值，减少了沿岸湿地等；将河流边坡甚至河床采用混凝土、砌石等材料硬化，破坏了河流生态系统，影响生物多样性，影响河流的自然生产力和对污染的净化能力等。

【练习2】

恢复自然河道，恢复水生态环境；对污水隔离处理，有利于河流水质改善；恢复自然河道，对局地微气候具有调节作用；河流两岸修建生态公园，能有效吸附灰尘，净化空气；拆除高架道路，减少汽车尾气的排放。

【练习 3】

　　河流蜿蜒曲折，可以增加城市水域面积，缓解城市热岛效应，增加城市空气湿度；拆除渠化河道，可以增加自然河流水体的下渗，增加地表水的下渗量（利于海绵城市建设）；自然河道有利于生物多样性的恢复；自然河道更易形成一个完整的生态系统，有利于提高水体的自净能力；防洪堤后撤留出更宽的洪泛区，有利于洪水期泄洪（降低洪水期水位）；河漫滩上的人工绿道成为城市居民休憩娱乐的场所。

笔记（提取试题其他思维模板）

微专题 65　水坝

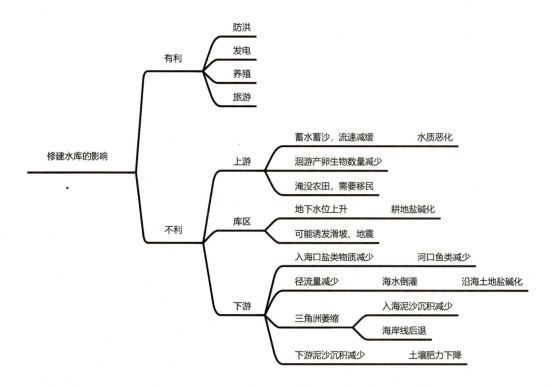

阅读材料，回答下列问题。

1998 年成立的独立的世界水坝委员会对水坝利弊进行了全面的研究和评估："水坝对人类发展贡献巨大，效益显著，然而多数情况下，为确保从水坝获取这些效益而付出了不可接受的，而通常是不必要的代价，特别是社会和环境方面的代价。"截至 2013 年底的统计，世界已建和在建的各类大坝（坝高 15 米以上）共计 6.8 万座。其中，中国有 3.8 万座，占 55.9%。

指出修建水坝对环境可能造成的负面影响。

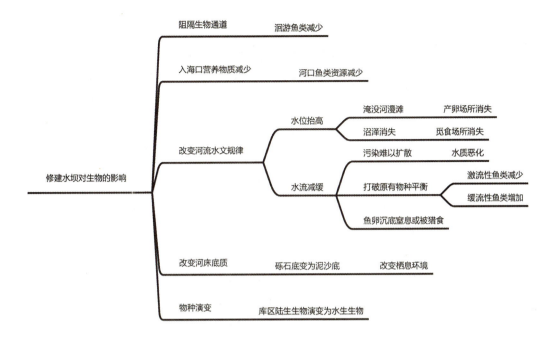

【练习 2】

阅读图文材料,回答下列问题。

川陕哲罗鲑是生活在青海玛可河里的大型土著鲑科鱼类,对生存环境变化敏感,产卵量极少,对产卵环境要求严格,且幼体适应能力弱,成活率很低,自然种群数量稀少。近年来,随着当地经济建设的发展,玛可河水域不合理的资源开发加剧了水土流失,河流含沙量增多,沿河居民生活污水和工业污水的排入使水生生物的生存环境急剧下降。下游地区的仁钦果水电站建成投入使用后,川陕哲罗鲑在拦河坝以上水域已绝迹。

分析造成川陕哲罗鲑绝迹的原因,并对其保护提出可行性措施。

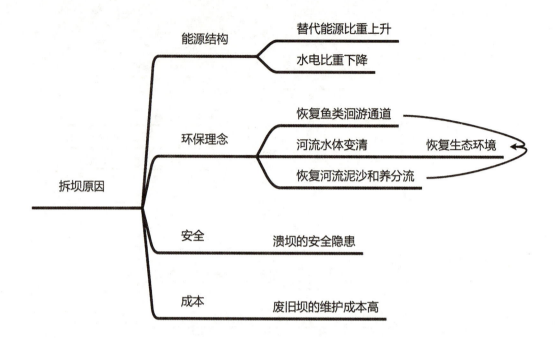

【练习3】

阅读图文材料，回答下列问题。

19世纪末以来，美国为综合开发水利资源，曾掀起过几次大规模的建坝高潮。随着时间推移，大坝和其他配套设施日益老化，水电工程的维修和退役已引起各方面重视，大坝拆除的呼声也日益强烈。图Ⅰ为美国中北部某水库大坝示意图，该地库区以下附近河段夏季常出现大雾景观，蔚为壮观，大坝拆除后大雾景观也随之消失。图Ⅱ为该水库年内流量过程示意图。

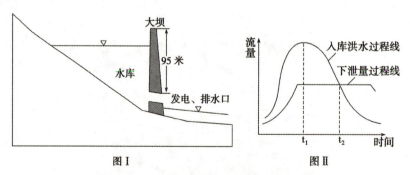

图Ⅰ　　　　　图Ⅱ

（1）推测大坝拆除前该库区下游附近河段夏季多雾的原因。

（2）说明图Ⅱ中 t_1 至 t_2 期间发电量的变化及原因。

（3）分析大坝拆除呼声日益强烈的原因。

（4）简述大坝拆除后库区所在河段水文特征的变化。

参考答案

【练习1】

诱发和加剧地震、泥石流、滑坡等地质灾害；淹没耕地；下游湿地萎缩，河口三角洲和海岸线退缩；破坏生物多样性；水库及下游河流水质下降。

【练习2】

原因：川陕哲罗鲑产卵量极少，幼体成活率很低，自然种群数量稀少；河流水质的下降和水污染的加剧破坏了川陕哲罗鲑生存环境；下游水电站的建设阻断川陕哲罗鲑产卵洄游，种群增殖受阻；不合理的捕捞使川陕哲罗鲑进一步减少。

措施：加强玛可河渔业生态环境保护，建立健全运行机制和管理措施；加强宣传，提高人们对川陕哲罗鲑的保护意识；开展川陕哲罗鲑驯养繁育技术研究，实施人工繁育和增殖放流；加强国际合作，建立保护合作机制；规范民间水生生物放生活动，防止外来物种对土著物种的侵害。

【练习3】

（1）水库深层水温季节变化小；夏季来自水库深层河水水温低于气温；有利于河面上（暖湿）空气水汽凝结。

（2）发电量增加。库区水位上升，落差增大。

（3）大坝建设影响流域生态环境；坝体老化，安全隐患增多；库区淤积，大坝经济效益日益下降（工程的运行成本及维修费用上升）；居民环保意识增强。

（4）流量季节变化增大；水位下降；含沙量增加；流速加快；水温垂直变化减小。

微专题66 河口水闸

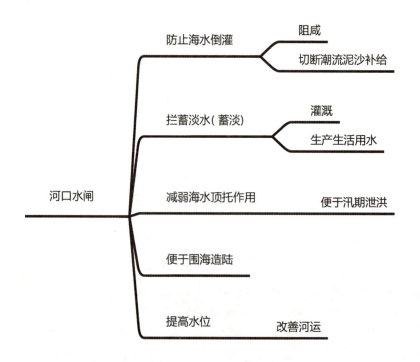

阅读图文材料，回答下列问题。

荷兰人口1685万，国土面积4.15万平方千米。该国是典型的沿海低地国家，历史上深受海潮之害。1920年开始修建的长达30千米的须德海大坝是荷兰近代最大的围海工程。近年来，荷兰已减慢围海速度，甚至推倒部分堤坝，让一片围海造地生成的300公顷"开拓地"被海水淹没。1996年，荷兰在莱茵河河口修建挡潮闸，该闸由两个庞大的支臂组成，闸体平时停靠在河道两岸，需要时合拢以关闭河道。

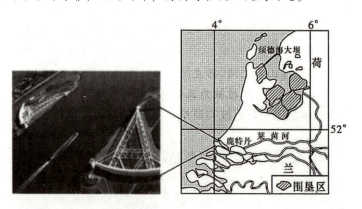

（1）须德海大坝上建有泄水闸，透过闸门可调控艾瑟尔湖入海流量。说明须德海大坝建设后，坝内水域水的盐度变化及其原因。

（2）分析莱茵河河口不修坝而修闸的原因。

【练习2】

阅读图文材料，回答下列问题。

陂，古代水利工程。木兰陂位于福建省莆田市木兰溪与兴化湾海潮汇流处，2014 年被评为"世界灌溉工程遗产"。下图是木兰溪局部流域图。木兰陂建设前，木兰溪下游平原是一片冲积荒地，溪海为患，只生蒲草，不长禾苗。木兰陂建成后才成为鱼米之乡。

木兰陂工程枢纽部分为闸坝，可按需求提闸、落闸，配套部分为沟渠和海堤。2015年，当地政府启动建设宁海闸工程。

（1）当地古代人民先建了钱陂，但毁于洪水。与钱陂相比，分析木兰陂选址的合理之处。

（2）指出木兰陂对发展当地农业的积极影响。

（3）说出在正常年份木兰陂发挥蓄水拒咸功能的时期，简述理由。

（4）从水文角度，分析宁海闸建成后对木兰陂的保护作用。

参考答案

【练习1】

（1）变小。大坝阻止海水进入坝内水域；流域内降水丰富，河流注入淡水量大，稀释作用强；湖内咸水通过泄水闸逐渐排出，水域水的盐度变小。

（2）莱茵河航运繁忙，闸可打开以保证正常通航；可减小对河口湿地生态环境的影响；通过关闭闸门减轻风暴潮的危害。

【练习2】

（1）木兰陂位于钱陂的下游，河道较宽；地形较平坦，落差较小；水流较缓，溪水对木兰陂的冲刷能力较弱。

（2）扩大灌溉面积；减少洪涝造成的损失；改良土壤；增加耕地；发展渔业。

（3）时期：枯水期和涨潮期。枯水期，河流流量小；涨潮期，海水上溯，落闸蓄水，防止海水倒灌；引所蓄溪水沿北、南干渠及沟渠灌溉田地，冲淡盐度。

（4）宁海闸拦蓄木兰溪来水，降低木兰陂上下游水位差；流速变缓，减弱对木兰陂的冲刷作用；阻挡海潮上溯，减少海潮对木兰陂的破坏。

笔记（提取试题其他思维模板）

微专题67　丁坝

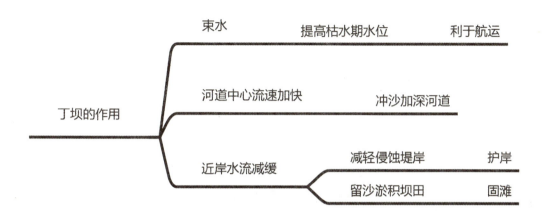

阅读图文材料，回答下列问题。

辽河地处我国东北半干旱半湿润地区，水资源量远小于其北部的松花江流域，为此国家规划实施"引松济辽"调水工程。同时，在河岸设置了"丁坝"，"丁坝"是辽河河道整治中常采用的一种工程。下图为丁坝景观图。

试推断丁坝的作用。

【练习2】

阅读图文材料,回答下列问题。

据研究,山东乳山市白沙口湾水深约2米,因第四纪冰期后期气候转暖,被黄海海水浸没而成,并在基岩海岸发育了古海蚀崖。距今约5—1万年前,该海湾形成了东西延伸的白沙滩沙坝,潟湖也随之形成。在潟湖北部,白沙滩河每年携带泥沙输入,但其输沙量季节差异大。1984年,为阻挡东来的沿岸泥沙淤积堵塞潮流通道,于是顺着潟湖出口修建了350米长的丁坝。下图为白沙口海岸地貌简图。

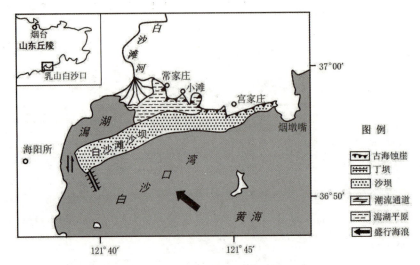

(1)推测第四纪冰期后期古海蚀崖的形成过程。

(2)判断白沙滩河输入潟湖泥沙量最多的季节,并说明判断理由。

(3)简述白沙滩沙坝自东向西发育的必要条件。

(4)说明修建丁坝后对潟湖面积带来的变化并分析其原因。

参考答案

【练习1】

"丁坝"是由堤岸向河流中部伸出的垂直河流的直墙,能够减轻对堤岸的冲蚀,减少河床中部泥沙的沉积,提高枯水季节水位,有利于河运。

【练习2】

(1)第四纪冰期后期由于气候变暖,海平面上升,海水入侵到古海蚀崖附近,然后东南向的盛行海浪不断侵蚀基岩海岸,海岸线后退而形成。

(2)夏季。该区域处于温带季风气候区,夏季降水集中且多暴雨,白沙滩河流量大,流速较快,从丘陵地区携带大量泥沙输入潟湖。

(3)白沙口海湾较浅,大量沉积的泥沙为沙坝发育提供了物质基础;东南向的盛行海浪推动沿岸泥沙自东向西运动。

(4)面积变小;修建丁坝后延长了潮流通道,降低了潮流通道的进出潮流量和流速,有利于潟湖的淤积,随着白沙滩河携带泥沙不断输入,三角洲将不断扩大和淤高,潟湖平原进一步发育扩大,潟湖面积逐渐缩小,并逐渐走向消亡。

笔记(提取试题其他思维模板)

微专题 68　三角洲

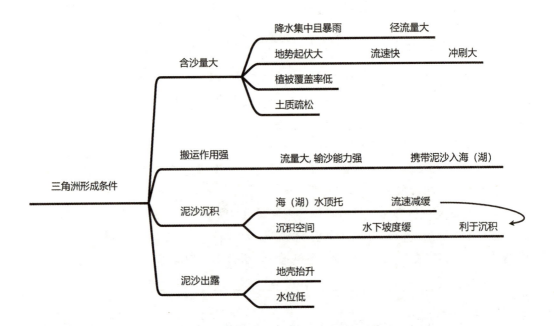

【练习1】

阅读图文材料，回答下列问题。

国家"十二五"规划纲要提出，要大力发展文化、软件和信息服务、商贸流送、金融保险等新兴服务出口。积极支持东部地区加快产业结构的调整与升级，进一步提高能源、土地、海洋等资源的利用效率。

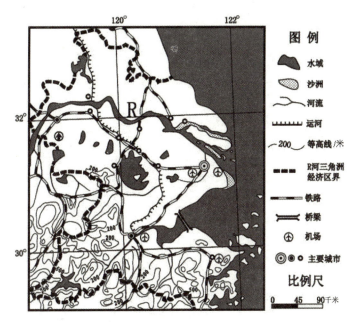

分析 R 河河口地段多沙洲的自然原因。

【练习2】

阅读图文材料，回答下列问题。

材料一： 奥卡万戈三角洲（图中的 A 三角洲），亦称"奥卡万戈沼泽"，是世界上最大的内陆三角洲，由奥卡万戈河注入卡拉哈里沙漠而形成。

材料二： 奥卡万戈及其周边地区区域图。

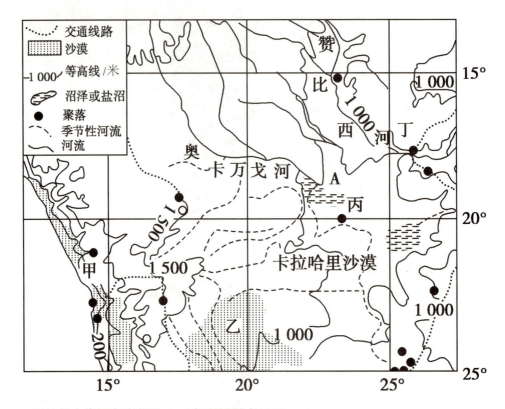

试从外力作用角度描述 A 三角洲的形成过程。

参考答案

【练习1】

　　河流径流量大，携带泥沙量大；位于河流入海口，地势低平，流速缓慢，以堆积作用为主，泥沙大量堆积；地处海陆交界地带，海水的顶托使堆积作用增强，在 R 河的河口地段形成众多的沙洲。

【练习2】

　　三角洲面积不断增大，后期增长速度逐渐减慢。面积增大的原因：河流携带泥沙不断堆积，海平面下降，使出露的三角洲面积增大。

　　后期增长速度减慢的原因：大型水库的建立使入湖的泥沙减少；后期海平面上升，淹没部分三角洲。

微专题 69　冲积扇

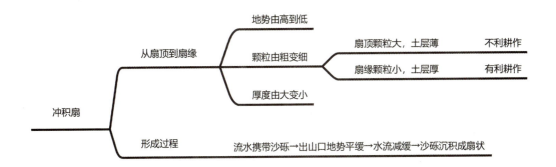

阅读图文材料，回答下列问题。

地壳运动及外力作用是影响黄河冲积扇沉积物剖面特征的主要因素，在相对稳定的地质环境下，沉积物沉积的过程在时间上是连续的。黄河冲积扇地区城市多分布在山麓地势较高的地带。历史上黄河下游多次决口改道。下图为黄河冲积扇分布图及城市 A 到 B 一线冲积扇剖面示意图和城市 C 第四纪理论与实际沉积剖面图。

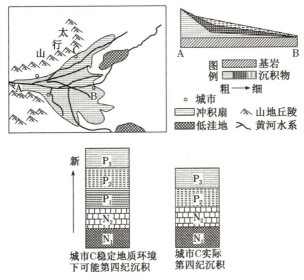

（1）黄河下游曾多次决口，简析黄河下游易决口的自然原因。

（2）描述黄河冲积扇上城市 A 到 B 一线沉积物的空间分布特征，并说明其形成原因。

（3）判断城市 C 岩层的沉积在时间上是否连续，并从地质作用推断其成因。

（4）分析山麓冲积扇有利于城市建设的自然条件。

【练习2】

阅读图文材料，回答下列问题。

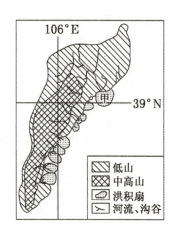

葡萄生长时所需最低气温约为 12 ℃，花期最适温度为 20 ℃左右，果实膨大期最适温度为 20～30 ℃。在生长初期和营养生长期，需水量较多；生长后期和结果期，根部较为衰弱，需水量较少，在正常生长期间，要有一定强度的光照。贺兰山东麓葡萄酒是贺兰山东麓地区采用自产优质葡萄酿造的葡萄酒，凭借独特自然资源和悠久的酿酒传统及现代化的经营方式、酿造技术，成为国内外知名的中国最佳酿酒葡萄和葡萄酒产区之一。右图示意贺兰山东麓洪积扇的分布，除甲地洪积扇外，其余洪积扇堆积物均以砾石为主。

（1）与山东相比，说明贺兰山东麓地区有利于葡萄生长的气候条件。

（2）与贺兰山东麓南部的大多数洪积扇相比，分析甲地洪积扇葡萄种植的有利条件。

（3）至 2018 年，该地区已建成酒庄 86 个，年产葡萄酒近 10 万吨。分析该地葡萄酒庄分布众多的原因。

参考答案

【练习1】

（1）黄河由峡谷进入平原，比降减小，流速降低；流速慢，河水侧蚀作用明显，河岸易崩塌；泥沙堆积加剧，造成河床抬升，水位上涨；汛期河水水位上涨加剧，对河岸压力增大，容易造成决口。

（2）自西向东沉积物颗粒逐渐减小，自西向东沉积物厚度逐渐变小。形成原因：黄河冲出山口后，流速逐渐降低，颗粒大的物质先沉积且沉积较多，颗粒小的物质后沉积且沉积较少。

（3）沉积不连续（沉积发生中断），缺失了 P_1 地层。由于地壳运动，先形成的 P_1 地层被抬升，风化剥蚀后，导致该地层消失，之后继续接受沉积。

（4）山麓冲积扇有一定坡度，不易发生洪涝灾害；山麓冲积扇地形较平坦，土地资源丰富，便于城市规划建设；山麓冲积扇地下水丰富；结构较松散的沉积层为城市建设提供了广阔的地下空间资源，便于城市地下工程施工。

【练习2】

（1）与山东相比，贺兰山东麓地区光照更充足；昼夜温差更大；葡萄采收前降雨量更少。

（2）河流流量较大，灌溉水源较充足；堆积物颗粒较细，土层较厚，土壤肥沃；地形平坦开阔，适宜耕种面积大。

（3）该地葡萄种植面积大，葡萄供应充足且品质佳；葡萄易腐烂变质，不宜长途运输，葡萄酒庄应接近葡萄产地；该地酿酒传统悠久，经营方式和酿造技术先进。

笔记（提取试题其他思维模板）

微专题 70 沙波

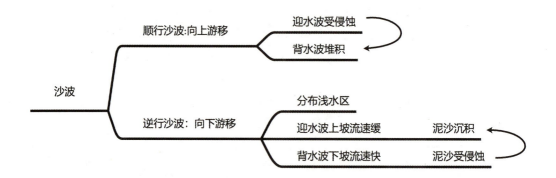

【练习】

阅读图文材料，回答下列问题。

沙波是河流浅水区河床中的沙粒堆积地貌，下图为某常见的沙波形成过程示意图。在浅水区，水面受河床局部起伏的影响而呈波形，水流流速受上坡和下坡影响而存在差异，进而导致沙波背水坡泥沙被侵蚀，而被侵蚀的泥沙会在下一个沙波的迎水坡堆积。据此完成下列各题。

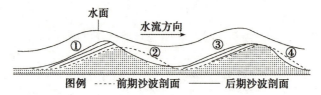

（1）①坡是（　）。

A. 迎水坡，流速快   B. 迎水坡，流速慢

C. 背水坡，流速快   D. 背水坡，流速慢

（2）该沙波中以侵蚀作用为主的是（　）。

A. ①坡和②坡   B. ③坡和④坡

C. ①坡和③坡   D. ②坡和④坡

（3）沙波移动方向为（　）。

A. 维持原地 B. 往复摆动 C. 向上游移动   D. 向下游移动

参考答案

【练习】

（1）B。图示①坡后期沙波剖面高于前期沙波剖面，说明是堆积坡，依据材料可知，该坡为迎水坡，因坡面阻挡而水流较慢，泥沙堆积。

（2）D。图示②④两坡后期沙波剖面低于前期沙波剖面，说明以侵蚀为主。

（3）C。读图文材料可知，泥沙不断在迎水坡堆积，即沙坡不断向上游移动，选 C。

笔记（提取试题其他思维模板）

微专题71 拦门沙

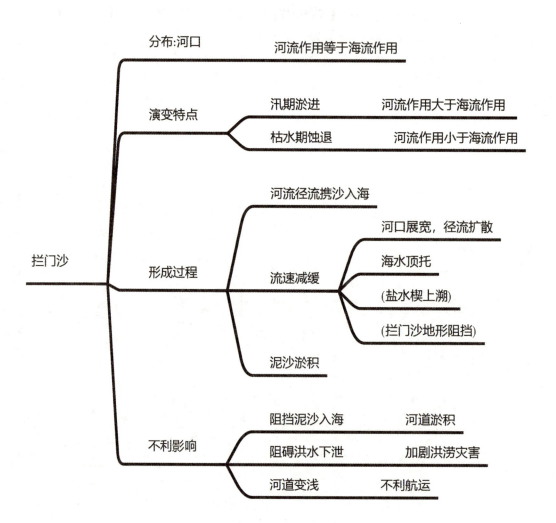

阅读图文材料，回答下列问题。

拦门沙是位于河口区的泥沙堆积体（沙坎）。塑造河口拦门沙的动力因素很复杂，但主要受河流径流与海流共同作用形成。下图为我国某河口区拦门沙甲、乙两时期位置变动示意图。

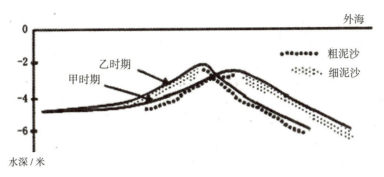

（1）与甲时期相比，说出乙时期河流径流与海流作用力的大小，试从拦门沙的位置及泥沙分布状况加以说明。

（2）分析拦门沙由甲时期演变到乙时期的原因。

（3）说明河口拦门沙会给河口两岸居民的生产生活带来的不利影响。

【练习2】

阅读图文材料，回答下列问题。

拦门沙是河口区的泥沙堆积体（沙坎），受径流与海洋共同作用形成。图为我国华南某河口区拦门沙甲、乙两时期位置变动示意图。

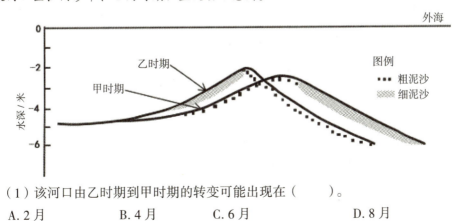

（1）该河口由乙时期到甲时期的转变可能出现在（　　　　）。

A.2月　　　　　　　B.4月　　　　　　C.6月　　　　　　　D.8月

（2）由甲时期到乙时期，拦门沙（　　）。

A.外坡受侵蚀　　　　B.高度降低　　　C.向外海推移　　　　　D.体积增大

（3）与甲时期相比，乙时期河口区（　　）。

A.径流量大，来沙量多　　　　　B.河流的堆积作用强

C.海水侵蚀作用强　　　　　　　D.盐度低，水位高

（4）对河口拦门沙进行整治，产生的影响有（　　）。

A.利于海水自净　　　　　　　　B.增强航行安全

C.阻碍鱼类洄游　　　　　　　　D.不利泄沙排洪

参考答案

【练习1】

（1）乙时期径流作用力小于海流作用力。判断理由：乙时期拦门沙位置向河流上游方向移动（或远离外海方向）；粗泥沙位置位于外海方向，细泥沙位置位于河流方向。

（2）全球气候变暖，海平面上升，海流作用力加强；河流径流量减小，作用力减弱（降水量减少，河流径流减小，作用力减弱；流域用水量增多，河流径流减小，作用力减弱）。

（3）河口拦门沙使水道淤积变浅，不利于水运；阻碍洪水下泄，加剧洪涝灾害。

【练习2】

（1）B。甲时期河流径流量大；乙时期流量小，为枯水期。我国华南地区雨季开始时间早，大约在每年的4月份。

（2）A。由甲时期到乙时期，拦门沙向内陆推移，高度升高，外坡由细泥沙变为粗泥沙，说明海水作用强，外坡受侵蚀，体积减小。

（3）C。乙时期，沙坎靠内，海拔较高，外坡为粗泥沙，表面外坡受海浪侵蚀明显；甲时期，沙坎靠外，位置较低，内坡粗泥沙较多，表明该时期河流的径流量较大，河流含沙量多，流水侵蚀和堆积作用较强。河口处河流径流量大时，盐度低，水位高。

（4）B。拦门沙能够阻挡河水进入海洋，不利于排沙，排水。不利于河流中的航行，对河水自净以及鱼类洄游影响较小，当前整治拦门沙，有利于排水，增强航行安全。

笔记（提取试题其他思维模板）

微专题 72　丹霞地貌

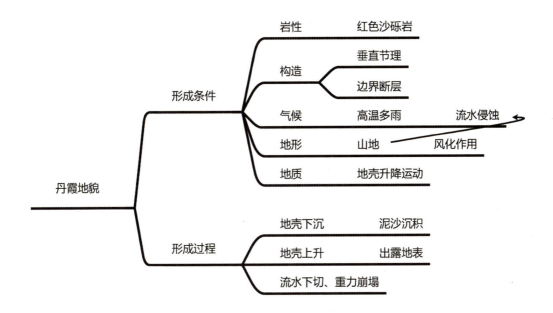

【练习 1】

阅读图文材料，回答下列问题。

我国东南部典型的丹霞地貌具有"顶平、身陡、麓缓"的特征，山块之间常形成被陡崖围合的沟谷。典型丹霞地貌海拔大多在 300～400 米之间，相对高度不超过 200 米，难以达到通常意义上产生垂直分异的高差，却形成了特殊的植被分异现象。

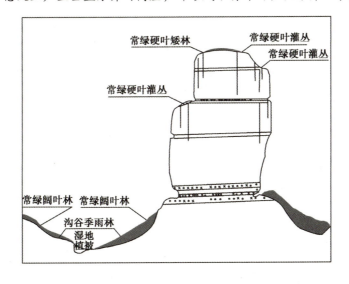

（1）根据自然带分布规律，指出我国东南部丹霞地貌区的地带性植被类型及其指示的气候特点。

（2）实际上，丹霞地貌山顶植被类型发生了变异，请说明原因。

（3）分析丹霞地貌底部沟谷地带发育季雨林的原因。

（4）在流水作用下，丹霞地貌山顶和沟谷植被出现垂直分异，试分析原因。

【练习2】

阅读材料，回答下列问题。

龟峰又称圭峰，是世界地质公园龙虎山—龟峰地质公园和世界自然遗产"中国丹霞"的组成部分。龟峰位于弋阳县城南信江南岸，因其"无山不龟，无石不龟"，且整座山体就像一只硕大无比的昂首巨龟而得名。发育有峰林、峰丛、石柱、孤峰、残石、残丘，石梁、石墙、穿洞、天生桥、宽阔谷地、准平化的湖泊等丹霞地貌。

重阳节适逢"十一"黄金周，游客登高热情高涨。据统计，9月30日至10月2日3天时间里，共有12万人到圭峰山登高。然而，大规模的登山活动过后，不少市民发现山上遍布垃圾。国庆期间，全国各大景区均出现不同程度的游客滞留的现象。

试分析圭峰丹霞地貌景观形成的原因及节假日为了避免游客滞留景区应该采取的措施。

参考答案

【练习 1】

（1）植被类型：亚热带常绿阔叶林。气候特点：夏季高温多雨，冬季温和干燥（少雨）。

（2）山顶面积小，保存水分条件差；土层较薄，保水性差；风力较大，蒸发量大；阳光充足，蒸发量大；砂岩（岩性）透水，保水性差；导致山顶较干旱，发育耐旱的硬叶植被。

（3）沟谷地势低，地表径流汇集；沟谷地形封闭，光照相对较弱；蒸发量较小，水分充足，有利于发育喜湿的季雨林。

（4）在丹霞地貌的发育过程中，顶部受流水侵蚀，水土流失；沟谷流水沉积，土层堆积，水土汇集，从而引起水土垂直分异，导致植被类型的垂直分异。

【练习 2】

原因：由地质历史时期沉积形成的红色砂岩在地壳抬升过程中，受到风化作用、重力崩塌作用和流水强烈侵蚀作用而形成。

措施：景区要科学判断自身的接待能力，合理安排接待游客的数量；加强公共信息服务并及时公布景区情况；加强预警机制的建立；优化景区车辆调配和游览线路。

笔记（提取试题其他思维模板）

微专题 73 喀斯特地貌

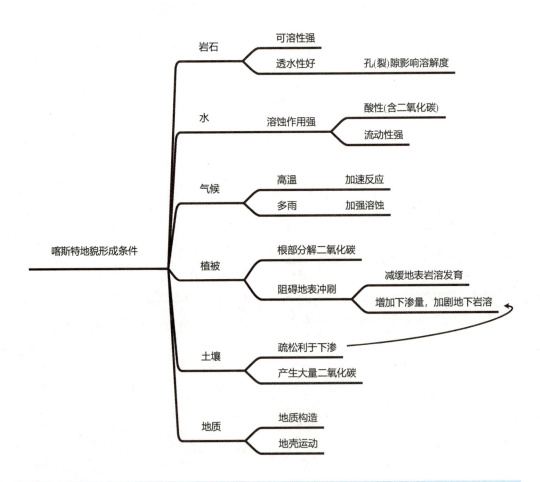

阅读图文材料，回答下列问题。

桌山位于南非西南部的开普敦附近，主峰海拔1 087米，山顶如削平的桌面，被称为"上帝的餐桌"。桌山山体由石灰岩（沉积岩）构成。山顶溪湖绝迹，植被低矮稀少，景象荒芜。夏季在海陆风的作用下，晴天时山顶常有大片云团环绕，被称为"上帝的桌布"。下图为桌山位置示意图和桌山景观图。

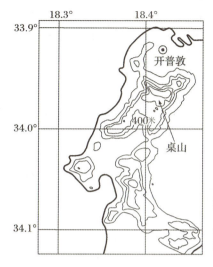

（1）说明开普敦地区的地带性植被名称。

（2）石灰岩受流水溶蚀，常发育有峰丛、溶洞等典型的喀斯特地貌，桌山年降水量多达 1 500 毫米，喀斯特地貌却发育很差，分析其气候原因。

（3）夏季是开普敦欣赏和拍摄"上帝的桌布"的最佳季节，分析其原因。

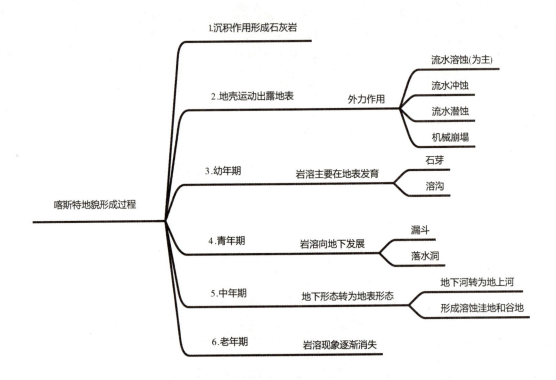

【练习2】

阅读图文材料，回答下列问题。

七百弄乡位于广西西北，处于云贵高原的边缘和斜坡地带，拥有世界上发育最典型、分布密度最大的峰丛洼地。峰丛是基座相连的成片山峰，山峰环绕着洼地。七百弄峰丛洼地与路南石林、桂林峰林并称为中国的三大典型岩溶地貌（或称喀斯特地貌），七百弄是其中知名度最低的一个，几乎无人知晓。七百弄人的饮水是依靠水柜解决的。水柜就是收集雨水的蓄水池，当地人称"水柜"，可能含有"珍贵"的意思。图a示意七百弄乡岩溶洼地、洞穴与谷地关系，图b示意被誉为"天下第一弄"的甘房弄超深洼地剖面。

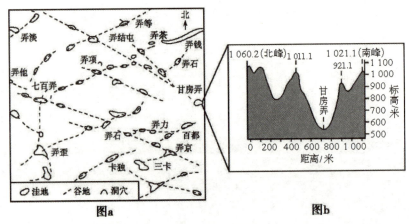

图a   图b

（1）推测峰丛洼地的形成过程。

（2）分析七百弄峰丛洼地知名度低的原因。

（3）简析水柜形成的自然地理背景。

参考答案

【练习1】

（1）亚热带常绿硬叶林。

（2）冬季（受西风带控制）降水量大，（开普敦西临海洋）但风力大蒸发强；夏季（受副热带高压控制）降水少，气温高；全年蒸发旺盛，山顶积水少，不利于喀斯特地貌（岩溶地貌）发育。

（3）夏季昼夜温差较大，利于形成海陆风，白天海风带来的水汽易在桌山形成云雾；较弱的风力（和高空下沉）利于云雾长时间停留在山顶；开普敦夏季（受副热带高压控制）晴天多，光线好。

【练习2】

（1）在海洋环境时期，石灰岩大量沉积；紧靠云贵高原，地质史上地壳强烈抬升；地表水流通过石灰岩的裂隙对岩石不断溶蚀，裂隙变宽变深，山体被切割形成峰丛；随着地表水对岩石的溶蚀、冲蚀、搬运作用增强，岩体坍塌，洼地形成。

（2）位置偏远，远离经济发达地区；宣传力度不够；交通、通信等基础设施较落后。

（3）石灰岩广布，地表水容易渗漏；地下水埋藏深，开采难度大；位于亚热带季风气候区，降水季节和年际变化大，易出现干旱。

微专题 74　天坑

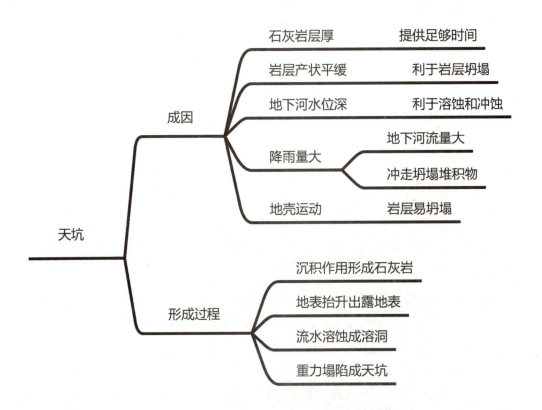

天坑

- 成因
  - 石灰岩层厚　　提供足够时间
  - 岩层产状平缓　　利于岩层坍塌
  - 地下河水位深　　利于溶蚀和冲蚀
  - 降雨量大
    - 地下河流量大
    - 冲走坍塌堆积物
  - 地壳运动　　岩层易坍塌
- 形成过程
  - 沉积作用形成石灰岩
  - 地表抬升出露地表
  - 流水溶蚀成溶洞
  - 重力塌陷成天坑

【练习1】

阅读图文材料，回答下列问题。

"天坑"是四周皆被刀削似的悬崖绝壁所围，形成了一个巨大的竖井，底部有地下河相通。乐业天坑群位于中国广西乐业县，占地约20平方千米。地质调查发现，乐业天坑群所在地区为石灰岩分布区。右图是乐业天坑群景观图。

说明乐业天坑群形成的地质作用过程。

【练习2】

阅读图文材料，回答下列问题。

2016年，中国贵州黔南安装建设的500米口径球面射电望远镜（简称"FAST"）是目前世界上在建的口径最大、最具威力的单天线射电望远镜。FAST台址选定在贵州省黔南布依族苗族自治州平塘县克度镇金科村的大窝凼洼地，采用了我国科学家独创的设计并充分利用了我国贵州南部的喀斯特洼地的独特地形条件。大窝凼附近没有集镇和工厂，在5千米半径之内没有一个乡镇，25千米半径之内只有一个县城，是最为理想的选择。

（1）射电望远镜安装在该地的有利条件有哪些？

（2）分析大窝凼天坑形成的过程。

（3）贵州喀斯特地貌发育对当地经济发展的影响有哪些？

参考答案

【练习1】

沉积作用形成石灰岩，石灰岩经地壳抬升成陆地，流水侵蚀、溶蚀形成巨大地下溶洞；重力坍塌成天坑。

【练习2】

（1）天然洼坑，土石工程量小，利于安装望远镜；喀斯特地质条件利于雨水向地下渗透，减少地表水的淤积及对望远镜的腐蚀和损坏；该地远离城镇，有极宁静的自然环境，不受电磁环境干扰。

（2）石灰岩具有可溶性，在特定的地质条件与气候条件下，流水不断侵蚀和溶蚀，形成地下空洞；经长年累月的发展，地下形成的空洞一旦造成顶部岩层坍塌，便会在地表形成坑的形状。

（3）有利：喀斯特地貌景观独特，利于发展旅游业。

不利：地形崎岖，平原面积小，土层浅薄，土壤贫瘠，易水土流失，不利于发展种植业；地质构造复杂，不利于交通及工程建设；石漠化严重，不利于农业生产；喀斯特地貌不利于地表水积存，地表水缺乏；容易发生崩塌、滑坡等地质灾害，影响经济发展。

笔记（提取试题其他思维模板）

微专题 75　桌山

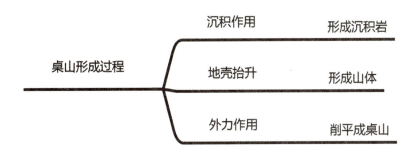

【练习 1】

阅读图文材料，回答下列问题。

桌山位于南非开普敦附近，主峰海拔 1 087 米，山顶如削平的桌面，被称为"上帝的餐桌"。桌山是地质历史时期浅海海底断裂后整体上升形成的，山体由石灰岩（沉积岩）构成。山顶溪湖绝迹，植被低矮稀少，景象荒芜。夏季在海陆风的作用下，晴天时山顶常有大片云团环绕，被称为"上帝的桌布"。下图为桌山位置示意图和桌山景观。

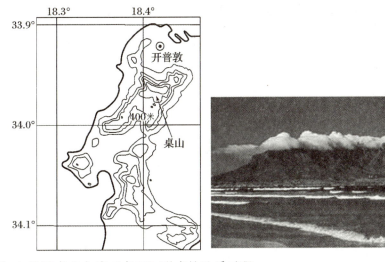

（1）描述桌山主峰"桌面"形成的地质过程。

（2）石灰岩受流水溶蚀，常发育有峰丛、溶洞等典型的喀斯特地貌，桌山年降水量多达1 500毫米，喀斯特地貌却发育很差，分析其气候原因。

【练习2】

阅读图文材料，回答下列问题。

南美洲的罗赖马山（下图）属于边缘陡峭、顶部平坦的桌状山地，长约14千米，宽约5千米，平均海拔2 810米。罗赖马山主要由砂岩组成，诞生于20亿年前的远古海洋。罗赖马山是多条河流的源头，上百条瀑布飞溅，有"瀑布之乡"之称，山顶土壤贫瘠，原始风貌保存完好。

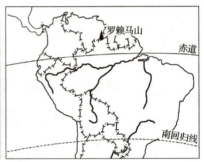

（1）说出罗赖马山的形成过程。

（2）分析罗赖马山山顶土壤贫瘠的原因。

（3）概括罗赖马山被誉为"瀑布之乡"的原因。

参考答案

【练习 1】

（1）（地质历史时期）海底形成平坦的沉积岩；沉积岩断裂整体抬升后，内部裂隙较少，顶部平坦；顶部受外力作用（风化和风力侵蚀）进一步被削平为"桌面"。

（2）冬季（受西风带控制）降水量大，（开普敦西临海洋）但风力大蒸发强；夏季（受副热带高压控制）降水少，气温高；全年蒸发旺盛，山顶积水少，不利于喀斯特地貌（岩溶地貌）发育。

【练习 2】

（1）远古海洋时期，沉积作用形成深厚的砂岩岩层；随着地壳运动，该区域被抬升为陆地；由于断层构造的影响，中部岩块相对上升，形成桌状山地（形成周边的陡崖）。

（2）海拔高，气温低，不利于植被生长，土壤有机质含量少；降水量大，侵蚀、搬运作用强，养分流失严重。

（3）四周为陡崖，河流落差大，易形成瀑布；顶部平坦开阔，径流分散，瀑布数量多；降水丰富，瀑布流量较大。

笔记（提取试题其他思维模板）

微专题76 黄土地貌

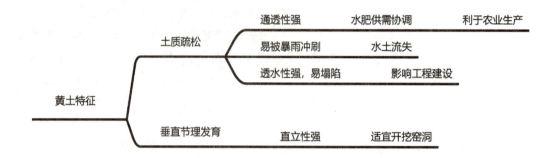

【练习1】

阅读图文材料,回答下列问题。

《易经》有言:天玄而地黄。黄土高原是中华民族的重要发祥地。距今1万年前,中华先民就在黄土高原上耕耘,种植粟黍,发展农业,历经万年而不绝。黄土土质疏松,吸水能力犹如海绵,能使蕴藏在深层土壤中的无机物质上升到顶层,具有"自行肥效"的能力。下图示意黄土高原范围,虚线为年降水量线。

(1)从地形角度简析六盘山附近形成巨厚黄土沉积的原因。

(2)说明该地区的黄土历经万年而不绝的土壤条件。

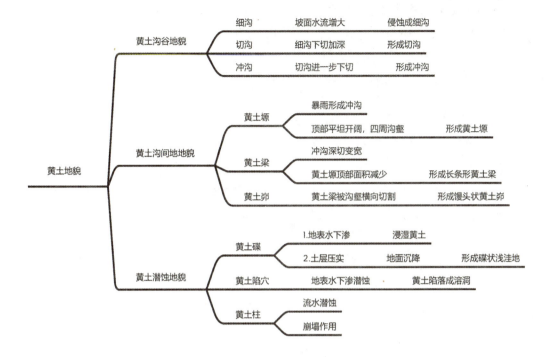

【练习2】

阅读图文材料，回答下列问题。

黄土地貌是一种独特的地貌形态，它对当地人们的生产、生活方式有着巨大的影响。

黄土塬、黄土梁和黄土峁是黄土高原的基本地貌形态（下图）。随着时间的推移，黄土高原的地表越来越破碎，对农业生产的不利影响越来越严重。为减少这种影响，需要采取一系列有针对性的措施。

甲　　　　　　乙　　　　　　丙

（1）从自然地理的角度阐述黄土高原基本地貌形态从甲至乙再到丙的演变过程。

（2）简述黄土地貌的演变对农业生产的不利影响。

（3）为减缓黄土地貌演变对农业生产的不利影响，人们动用了推土机等大型机械，实施土地平整工程。分析这一措施的有利作用及产生的不利影响。

参考答案

【练习1】

（1）处于风口，受狭管效应的影响，西北风风力较大，携带沙尘量大；受南部山地的阻碍作用，风力减弱，沙尘不断沉积；东、南部山地阻碍夏季风进入，降水较少，受流水侵蚀作用弱，利于黄土累积。

（2）黄土透气保水，矿物质丰富；具备"自行肥效"的能力，利于耕作；黄土沉积过程仍在持续。

【练习2】

（1）由于黄土结构疏松，加之黄土高原地处东部季风区，降雨主要集中在7月至9月，多暴雨，易于形成冲沟，原始地表被破坏，形成黄土塬；黄土塬在持久的流水作用下，原有的及新形成的冲沟进一步发展、深切、变宽，顶部面积减小，变为长条形的黄土梁；黄土梁被后来形成的沟壑横向切割，逐渐破碎，演变为黄土峁。

（2）黄土地貌由于塬、梁、峁的演变过程，地貌顶部面积呈逐渐减小趋势。这一过程导致可耕地面积不断缩减，水土流失加剧，土壤逐渐贫瘠化，耕种条件越来越差。

（3）有利作用：平整土地可以使黄土高原地表不易形成径流，或减少地表径流的形成，从而减少冲沟和沟壑的形成。有利于减少和防止地表形态破碎，有利于耕地面积扩大、机械化耕作、农田灌溉。

不利影响：可能导致平整后的土地更加疏松，加剧了水土流失，破坏了原有的耕作层。

笔记（提取试题其他思维模板）

微专题 77 窑洞

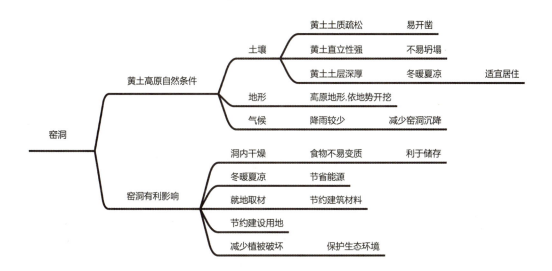

【练习1】

阅读图文材料，回答下列问题。

窑洞这种千百年来延续下来的民居景观是依托黄土高原形成的特殊建筑。近年来，窑洞民宿旅游发展迅速，为黄土高原地区的居民生活带来了巨大变化。

（1）分析黄土高原适宜修建窑洞的自然地理条件。

（2）窑洞作为传统民居，现在仍备受青睐，与现代建筑相比，分析窑洞对区域地理环境的有利影响。

（3）分析窑洞民宿旅游对当地居民生活的影响。

【练习2】

阅读图文材料，回答下列问题。

作为黄河流域一个重要的组成部分，黄土高原当之无愧成为中华民族的发祥地之一。这里，黄土堆积深厚全世界罕见。距今1万年前，中华先民就在黄土高原上耕耘，种植粟黍，发展农业，历经万年而不绝，奠定了中华文明的深度和厚度。黄土土质疏松，吸水能力犹如海绵，直立性强，土层深厚。现在黄土高原考古发掘出来的一些新石器时代遗址都发现了窑洞式建筑。

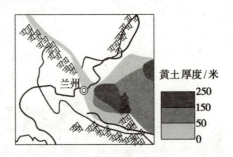

（1）从地形角度分析六盘山附近形成巨厚黄土沉积的原因。

（2）说明黄土高原能够易于耕耘且万年而不绝的土壤条件。

（3）新石器时期生活在黄土高原的人类住宅多以窑洞为主，试分析其原因。

参考答案

【练习1】

（1）高原地形可以依地势开挖窑洞；黄土土层深厚，土壤结构紧密，直立性好，适于凿挖；黄土高原降雨少，可减少窑洞因长期浸泡出现沉陷。

（2）就地取材，节省建筑材料；冬暖夏凉，节约能源；节约建设用地；减少植被破坏，保护生态环境。

（3）促进了当地经济的发展，提高了居民的生活水平；丰富了当地居民的就业方向，增加了就业机会；加强了当地与外界的联系与交往，影响了人们的生活观念；过度的民俗旅游、过多的外地游客对居民的生活造成冲击，在一定程度上破坏了居民的生活环境。

【练习2】

（1）六盘山附近形成巨厚黄土沉积的原因主要结合当地的地理位置和风沙的来源角度考虑。六盘山位于（贺兰山和乌鞘岭的）山口地带，处于西北季风通道内，由于受地形约束（狭管效应），西北风力较大，携带沙尘量大；受（六盘山和秦岭等）东、南部山地的阻碍作用，风力减弱，沙尘不断沉积；（六盘山和秦岭等）东、南部山地阻碍夏季风进入，降水较少，流水侵蚀弱，利于黄土累积。

（2）黄土土质疏松，易于耕作；黄土透气保水，矿物质丰富；土层深厚，分布广，经历长期耕作后仍能保持；黄土沉积过程仍在持续。

（3）黄土高原的人类住宅多以窑洞为主，主要因为黄土的特性、当地气候条件以及当地建筑材料的来源。黄土土质疏松，具有粉沙性，易于开凿；黄土直立性强，开凿窑洞不会坍塌；土层深厚，窑洞内冬暖夏凉，适宜人类居住；窑洞内气候较为干燥，食物不易变质，利于储存；利于躲避野生动物袭击。

笔记（提取试题其他思维模板）

微专题 78　风沙

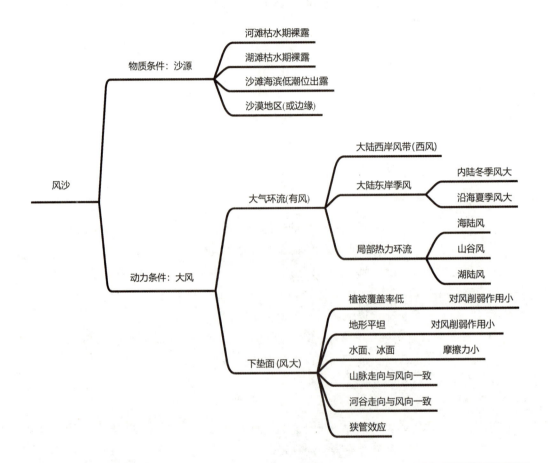

阅读图文材料，回答下列问题。

青海湖湖滨地带有广泛风沙堆积（下图）。青海湖区沙丘的主要沙源是西岸和北岸几条大河形成的河口三角洲沉积物，而沙丘集中分布于湖东平原。青海湖区盛行风向主要为西北风，夏季能受到东南季风的影响，青海湖岸克图垴口地区新月形沙丘在不同季节坡向可发生明显改变。近年来，青海湖周边地区土地沙漠化问题日趋严重，已经严重威胁到湖区周边生态安全。

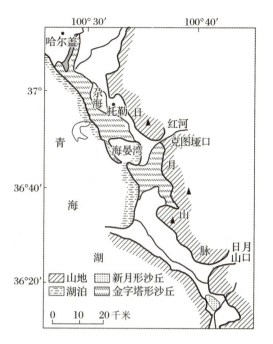

（1）分析沙丘集中分布于青海湖东部而西岸少的原因。

（2）分析克图垭口地区新月形沙丘在不同季节坡向发生明显改变的原因。

（3）青海省湖滨风沙入湖现象严重，分析海晏湾西侧沙堤的成因。

（4）分析青海湖周边地区土地沙漠化的人为原因并提出治理措施。

【练习2】

阅读图文材料，回答下列问题。

下图所示区域海拔在4 500米以上，冬春季盛行西风，年平均大风（≥8级）日数157天，且多集中在10月至次年4月。青藏铁路在桑曲和巴索曲之间的路段风沙灾害较为严重，且主要为就地起沙。风沙流主要集中在近地面20～30厘米高度范围内。

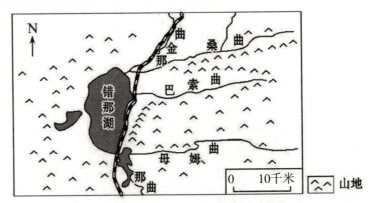

（1）分析错那湖东北部沿岸地区冬春季风沙活动的沙源。

（2）说明上述沙源冬春季易起沙的原因。

（3）简述风沙对该路段铁路及运行列车的危害。

（4）针对该路段的风沙灾害，请提出防治措施。

参考答案

【练习1】

（1）全年盛行西北风；风沙向东移动堆积（沉积）。东岸湖滩的风沙受到东岸高山阻挡后，沙粒停落造成湖岸东侧广泛的风沙堆积。西岸湖滩的沙子在风力作用下，多会沉降于湖中，不易形成沙丘。

（2）青海湖受季风影响明显（冬季西北风强劲，夏季东南风沿河谷侵入），受"狭管效应"的影响，风力增强使沙丘坡向发生明显改变。

（3）西风携带沙粒沉积在湖底，西风和自西向东注入湖泊的河流驱动湖水向东运动，在湖流（或湖浪）的动力作用下，湖底泥沙向东推移到湖岸，水下沙堤不断增高，青海湖水位下降，沙堤最终出露水面。

（4）原因：过度放牧，过度开垦，植被破坏，工程建设、修路。

措施：工程固沙或建设立式沙障；生物措施（封沙育林育草，退耕、退牧还草等）。

【练习2】

（1）多条河流在此注入错那湖，泥沙沉积，河口三角洲面积较大。冬春季河流水位低，河滩泥沙裸露；错那湖水位低，（因河口外湖区水深较浅）出露的湖滩泥沙面积较大。

（2）冬春季气候干燥（降水少），地表缺乏植被（草）的保护；大风多，湖面较宽阔，西风经湖面无阻挡，沙源东部为河谷，风力强劲。

（3）因铁路路基较高，风沙堆积，填埋路基和轨道；侵蚀路基和路肩；损害机车车辆和通信、信号设备等，加大钢轨、车轮等设备的磨损；影响运行列车安全。

（4）阻沙措施：在铁路两侧设立阻沙墙（高立式沙障）。固沙措施：在沙地上用碎石等覆盖沙面，设置石（草）方格沙障。

笔记（提取试题其他思维模板）

微专题 79 沙丘

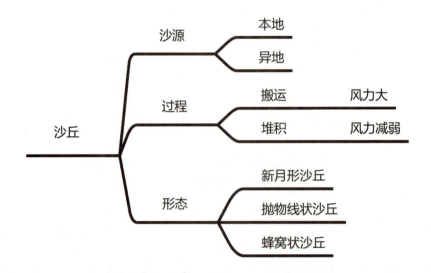

阅读图文材料，回答下列问题。

下图为雅鲁藏布江某段（自西南流向东北）夏季分布状况，该段河流所在河谷年降雨量仅 140 毫米，冬季盛行偏北风。

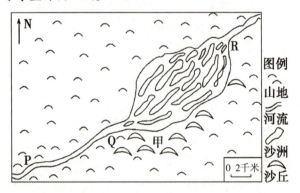

（1）说出 PQ、QR 两段河谷地形的差异，并指出产生差异的因素。

（2）说明 QR 河段沙洲形成过程。

（3）分析甲地沙丘形成过程。

（4）有人提议在 R 处筑坝发电，你是否赞同？请表明态度并说明理由。

【练习2】

阅读图文资料，完成下列各题。

巴丹吉林沙漠以奇峰、鸣沙、湖泊等闻名于世，该地年降水量 40～80 毫米，蒸发量超过 3 000 毫米，沙漠中却有 100 多个湖泊，其中面积大于 1 平方千米的湖泊有 5 个，冬季不结冰。该地沙丘广布，最高在 500 米以上，是世界上最高的沙丘。沙丘内部较潮湿，沙丘顶部附近生长有较多的植物。下图为巴丹吉林沙漠及附近地区示意图和该地沙山示意图。

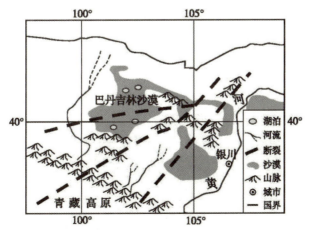

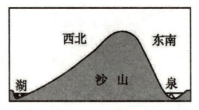

（1）有学者认为该地湖泊补给水源主要来自深层断裂带的地下水，试推测其依据。

（2）分析该地高大沙丘的形成原因。

（3）依据该地沙山示意图，从沙山西北坡和东南坡任选一坡，推断从坡底到坡顶表层沙粒粒径的变化，并分析原因。

参考答案

【练习1】

（1）PQ为峡谷，QR为宽谷。岩石硬度；河流流速。

（2）PQ段上游河流流速快，侵蚀力、搬运能力强，携带泥沙量大；QR段流速缓慢，泥沙沉积，形成沙洲。

（3）甲处上风向，河床宽阔，冬季枯水期大片沙滩裸露，偏北风将沙搬运至甲处，因山地阻挡，风速减小，风力沉积形成沙丘。

（4）赞同。理由：R处为峡谷，筑坝工程量小，上游为宽谷有利于储水。

不赞同。理由：水量小，可能导致生态破坏或可能诱发地质灾害。

【练习 2】

（1）断裂带经过该地，地下水在断裂处出露；该地位于西北内陆，湖泊冬季不结冰，说明水温高（可能来自地下水）；该地气候干燥，蒸发量远大于降水量，河流欠发育（大气降水和地表水补给少）。

（2）该地位于西北内陆，附近沙源丰富，冬春多大风天气，携带大量沙尘在此处堆积；沙山内部湿度较大，且顶部附近植物较多，形成固定沙丘，随着沙尘持续堆积，形成高大沙丘。

（3）西北坡：从坡底到坡顶表层沙粒粒径逐渐减小。原因：西北坡为迎风坡，随坡面升高，风力搬运能力减弱，颗粒大的先沉积，颗粒小的后沉积。（或东南坡：从坡底到坡顶表层沙粒粒径逐渐减小。原因：东南坡为背风坡，颗粒大的沙粒受重力作用更容易向坡底滑落。）

笔记（提取试题其他思维模板）

微专题 80　雅丹地貌

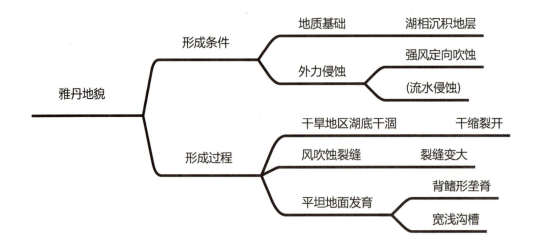

阅读图文材料，回答下列问题。

甘肃瓜州县气候极度干旱，素有"世界风库"之称，多大风和沙暴，沙暴中携带了大量的盐类物质。瓜州疏勒河北侧广泛分布着具有裂隙的土状沉积物黏土，在此发育了典型的雅丹地貌。雅丹地貌土丘、滩地交错分布，造型各异。下图为甘肃部分区域图和雅丹地貌形成过程图。

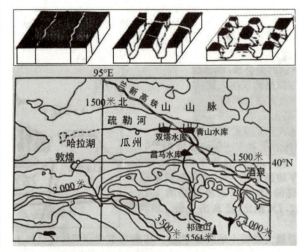

（1）分析瓜州被称为"世界风库"的原因。

（2）指出该地沙尘中盐的来源。

（3）描述瓜州雅丹地貌形成过程。

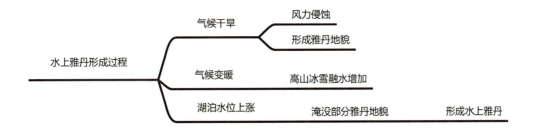

【练习2】

阅读图文材料，回答下列问题。

每年夏季，去我国西北地区旅游的人很多。人们在沿途时常看到被称为"雅丹"的地形。"雅丹"在维吾尔语中的意思是"具有陡壁的小山包"。在地质学上，雅丹地貌指经长期风蚀，由一系列平行的垄脊和沟槽构成的景观。下图为青海省东台湖地区"水上雅丹"位置示意及景观。

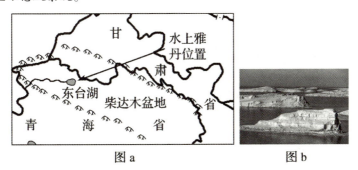

图a　　　　　　　图b

（1）分析柴达木盆地气候特点。

（2）推测"水上雅丹"地貌的形成过程。

参考答案

【练习1】

（1）深居内陆，温差大，加之距冬季风源地近，大风频繁；地处河西走廊西端，地势南北高，中间低，形成"狭管效应"，风力加大；多戈壁，植被稀少，缺乏风力屏障，风力大。

（2）开垦的耕地及其周围地区因土地盐碱化而在地表和土壤中积累的盐分；湖面缩减露出的湖底部分所含的盐分。

（3）该地地表干燥或地处荒漠，植被稀疏；黏土层相对松软，且多裂隙；大风沿黏土层裂隙侵蚀，形成滩地，两侧残留，形成土丘。

【练习2】

（1）柴达木盆地属于高原大陆性气候；气温低，日较差、年较差大，冬季严寒而漫长，夏季凉爽而短促；全年降水少，集中于夏季；全年光照强度大，时间长；风力强盛，大风日数较多。

（2）当地气候干旱，经过长期的风力侵蚀，形成雅丹地貌；全球气候变暖，导致高山冰雪融水增加，湖泊水位上升，淹没部分雅丹地貌，形成水上雅丹景观。

笔记（提取试题其他思维模板）

微专题 81　风化作用

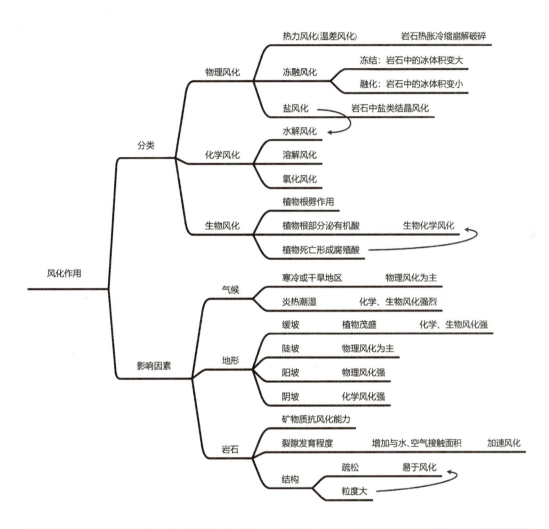

【练习1】

阅读图文材料，回答下列问题。

菲尔德斯半岛面积约为 40 平方千米，作为乔治王岛上最大的无冰区，其是进行南极科学研究的理想场所。半岛年平均大风日数为 133 天，地层主要由玄武岩、火山碎屑岩等组成。菲尔德斯半岛是南极生物分布最为密集的地区之一。下图为我国某次南极科考土壤样品采样点简图，下表为长城站的气候资料。

季　节	平均气温 /℃	季平均降水量 / 毫米
春季	−2.6	119.5
夏季	1.0	136.1
秋季	−1.5	169.8
冬季	−5.8	120.8

（1）菲尔德斯半岛是南极洲最湿润的地区，试分析原因。

（2）各采样点的地表均有一层棱角状砾石平铺在土壤的表面，称为漠境砾幕。请推测漠境砾幕的形成过程。

（3）菲尔德斯半岛上几乎见不到植食性或杂食性鸟类，而全为肉食性鸟类，试分析原因。

（4）有人建议将菲尔德斯半岛建设成为南极旅游的目的地，你是否赞同？请说明理由。

【练习2】

阅读材料，回答下列问题。

材料一： 黄山的奇松、怪石、云海和温泉以"四绝"名扬天下。黄山属花岗岩峰林景观。在距今约 1.4 亿年前，地下炽热岩浆在地壳薄弱的黄山地区上侵。在距今 6 500万年前后，黄山地区的岩体又发生了较强烈的隆升。随着地壳的间歇抬升，这里的花岗岩体遭受风化、剥蚀，奇峰耸立（海拔千米以上的高峰有 72 座），怪石千姿百态，由此而成了黄山雄峻瑰奇的美景。黄山多云海，每当雨过天晴，或在日出前后，山谷中就雾起云腾，铺天盖地而来。

材料二： 黄山旅游景观有："春（3–5 月）观百花竞开，松枝吐翠，山鸟飞歌；夏（6–8 月）观松、云雾及避暑休闲；秋（9–11 月）观青松、苍石、红枫、黄菊等自然景色；冬（12–2 月）观冰雪之花及雾凇"之变化。

（1）黄山奇峰怪石地貌景观成因。

（2）请从水汽凝结条件的角度，简要分析黄山云雾多出现在雨过天晴之时或日出前后的原因。

（3）简述黄山雾凇的成因。

参考答案

【练习1】

（1）纬度较低，气温较高，海面蒸发较旺盛，水汽较充足；半岛（面积狭小）周围海域广阔，气候海洋性强；多大风天气，水汽在半岛遇冷降温，降水较丰富。

（2）地质时期岩浆活动剧烈，地表玄武岩和火山碎屑岩广布；气温日变化和季节变化较大，岩石热胀冷缩作用强烈；降水较丰富，岩石的裂隙中水的冻融作用强烈；经过风力、流水等外力的侵蚀、搬运和堆积作用，形成漠境砾幕。

（3）半岛植物以地衣、苔藓和藻类等低等植物为主，缺少大型植物，植食性鸟类食物匮乏；岛屿周边海洋面积广阔，磷虾和鱼类资源极为丰富，为肉食性鸟类提供了丰富的食物来源。

（4）赞同。理由：纬度较低，气候较为适宜；极地景观环境独特，游览价值高；无极夜现象，可开展旅游的时间较长；距离其他大陆相对较近。

不赞同。理由：多大风、暴风雪等气象灾害；面积狭小，基础设施匮乏，接待能力有限，旅游环境承载力小；生态环境脆弱，易造成生物多样性减少；对南极科学研究活动产生干扰。

【练习2】

（1）地下炽热岩浆入侵地壳薄弱的黄山地区，形成花岗岩；花岗岩体发生间歇抬升；花岗岩坚硬，但垂直发育，直立性强，形成奇峰地貌。昼夜温差大，热胀冷缩的物理风化作用强烈，降水丰富，植被茂密，化学和生物风化显著，在奇峰的基础上形成怪石。

（2）雨过天晴，地表水汽蒸发增多，空气中水汽充足；遇山地抬升作用，水汽上升遇冷凝结，形成云雾；日出前后由于地面辐射冷却，气温低，水汽易凝结。

（3）黄山地处亚热带湿润地区，空气湿度大；冬季强冷空气南下，气温急剧下降；水汽凝结在树枝上，形成雾凇景观。

笔记（提取试题其他思维模板）

微专题 82　盐风化

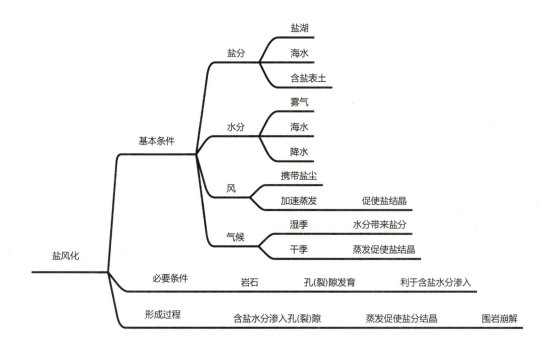

【练习】

阅读图文材料，回答下列问题。

盐风化是岩石表面的盐分随着降水渗入岩石孔隙（或裂隙）中，向岩石背风面运动，在干燥的背风面结晶、膨胀，导致岩石背风面崩裂，在岩石表面形成坑坑洼洼的风化穴，这种风化作用多见于沿海和内陆干旱地区的近地面岩石中。下图示意盐风化原理和崖壁盐风化穴景观。

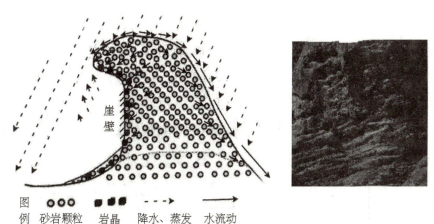

（1）简述我国西北干旱地区盐风化穴形成的基本条件。

（2）我国西北干旱地区盐风化现象主要发生在岩石东南侧，分析其原因。

（3）请观察崖壁盐风化穴景观图，指出其中可支持判断沉积岩的依据。

（4）若地壳运动导致陡崖上升，推测陡崖上盐风化穴的变化特点。

参考答案

【练习】

（1）具有可渗水孔隙（裂隙）的岩石结构；渗入水分含盐量较高；干湿交替的小气候环境。

（2）西北地区盛行西风，迎风坡一侧（西北侧）雨水较丰富，而东南侧一般保持干燥；南侧比北侧光照强，蒸发量大，盐分易结晶，破坏岩石表面。

（3）盐风化穴沿岩石表面延伸成层，说明盐风化穴沿着特定的层位发育；层间差异明显，说明同层岩性相似，不同岩层岩性不同。有明显的层理构造特点。

（4）陡崖上升，盐风化穴分布高度增大；岩层表面形成新的盐风化穴，盐风化穴分布面积增大；经过长期的风化作用，早期形成的盐风化穴崩塌消失。

笔记（提取试题其他思维模板）

微专题 83　冻融作用

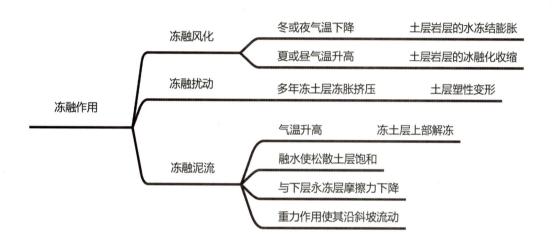

【练习 1】

阅读图文材料，回答下列问题。

难言岛是中国第五个南极科考站选址地，建成后，该科考站将以极地冰盖和高纬度海洋研究为主。难言岛位于罗斯海西岸（下图）。罗斯海生物种类多达 16 000 余种，其中多数物种适应了这里寒冷的环境，被称为地球上变化最小的海洋生态系统。难言岛西侧为横贯南极山脉，常年盛行 6～7 级的偏西风，尤以超强、超干冷风著称，地面碎石遍布。

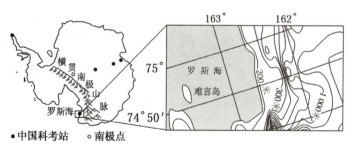

（1）说明罗斯海生态系统稳定的原因。

（2）分析难言岛地面多碎石裸露的原因。

（3）分析难言岛多大风的原因。

（4）评价南极科考站选址难言岛的区位条件。

阅读图文材料，回答下列问题。

在横断山区贡嘎山的高山雪线之下，稠密连片的草甸、灌丛之上，有一片接近荒芜的地带。这里充斥着岩块与碎石，这些大小不一的石头沿着陡峭山坡缓慢滑动，因此人们称这种环境为"流石滩"。流石滩地带有一类典型植被——三指雪兔子，其看上去像是一团白色的茸毛球。下图为"高山流石滩的典型植被三指雪兔子"。

（1）下列与贡嘎山流石滩的形成关系密切的是（   ）。

A. 高山冰雪融水带来的物质堆积

B. 海拔高，风力大，风力侵蚀作用强

C. 昼夜温差大，风化作用和冻融作用强

D. 冰川搬运堆积

（2）贡嘎山东西两侧流石滩顶部位置存在明显的海拔差异，且东坡明显低于西坡，主要影响因素是（   ）。

A. 纬度   B. 大气环流   C. 海陆位置   D. 地势坡度

（3）下列关于流石滩典型植被之一的三指雪兔子的说法，错误的是（   ）。

A. 海拔高，太阳辐射强，白色茸毛有利于反射多余的太阳光

B. 夜间气温低，白色茸毛有利于保温

C. 白色茸毛有利于截留植物蒸腾的水分

D. 白色茸毛有利于吸引昆虫，利于传粉

参考答案

【练习1】

（1）气候寒冷单一，生物演变速度慢；极地气候常年严寒且稳定，生物习性与气候相适应，生存条件稳定；位置偏僻，受人类过度捕捞和船舶运输影响小。

（2）气候干冷，植被发育差；冰川侵蚀，基岩裸露；气温低，受冰川冻融作用，岩石风化严重形成碎石。

（3）靠近南极极地高压，气压梯度较大；气流经过横贯南极山脉的缺口峡谷处，狭管效应增强风力；西风吹向难言岛的过程中地势降低，气流下沉，风速增强；地面多为冰川覆盖，摩擦力小。

（4）有利条件：远离已有科考站，填补南极研究的空白地域；西风为离岸风，将海面浮冰吹散，有利于船舶停靠补给；罗斯海为最靠近南极点的海域，有利于展开高纬度海洋研究。

不利条件：地表多碎石，大风日数多，不利于建筑施工。

【练习2】

（1）C。本题主要考查外力作用与地表形态。由材料信息可知，流石滩位于冰雪带以下，灌丛、草甸之上，冰雪融水的流量较小，携带能力差，与大小不一的碎石形成无关，A 错误；贡嘎山地区降水丰富，外力以流水作用为主，B 错误；海拔高，大气稀薄，白天大气对太阳辐射削弱作用弱，夜晚保温作用弱，昼夜温差大，风化和冻融作用强，C 正确；碎石在高山雪线以下，海拔高，冰川在海拔高地区以侵蚀作用为主，D 错误。故选 C。

（2）B。贡嘎山位于东部季风区，受东南季风影响，东侧为迎风坡，降水量大，因风化和冻融形成的碎石，在流水作用下，向下滑动，分布海拔较低，故贡嘎山东西两侧流石滩顶部位置存在明显海拔差异主要是大气环流的影响，而同一山脉东西侧的纬度及海陆位置以及坡度差异较小。B 正确，ACD 错误。故选 B。

（3）D。海拔高，太阳辐射强，白色绒毛有利于反射太阳光，A 不符合题意；夜间气温低，白色茸毛有利于保温，B 不符合题意；白色茸毛有利于截留植物蒸腾的水分，C 不符合题意；白色绒毛不够鲜艳，不利于吸引昆虫，且绒毛具有吸附性，不利于传粉，D 符合题意。故选 D。

笔记（提取试题其他思维模板）

微专题84　流石滩

```
                        昼夜温差、冻融            岩石风化破碎
流石滩形成过程
                        重力、暗流作用向下搬运

                        地势平缓处堆积
```

【练习1】

阅读图文材料，回答下列问题。

在我国西藏、云南、贵州和四川等地的西部高山上，林线与雪线之间有一个特殊的地带——高山流石滩。它由大大小小的石块构成，这里年均温在 −4 ℃以下，最热月均温也在 0 ℃以下。流石滩上植被稀少，植被的形态特征受地理环境的影响和制约，多具有速生、叶片厚等独特的生理特征。从外观上看，流石滩植物多呈斑块状、簇状匍匐在地面零星分布，这有利于传播花粉，使植物花色艳丽，因此流石滩是许多珍稀独特的高山花卉和药用植物的天堂。

（1）推断流石滩的形成过程。

（2）据流石滩上植被的特征推断其生长环境的气候条件。

（3）分析流石滩成为"许多珍稀独特的高山花卉和药用植物的天堂"的自然原因。

（4）目前，一些流石滩植物种群数量下降甚至濒危，分析其主要原因。

【练习2】

阅读图文材料，回答下列问题。

材料一： 下图示意新疆地形、轮廓、自然带和季节性牧场图。

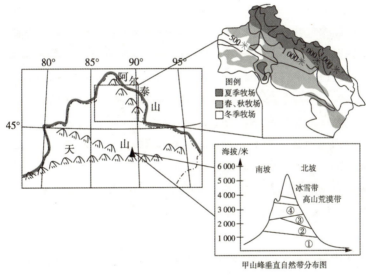

甲山峰垂直自然带分布图

材料二： 目前新疆的许多地方仍然存在着大规模、远距离的游牧（季节性转场）现象，即随着季节的变换，牧民在盆地和山地间的不同海拔高度上，相应地变换着牧场。

（1）分析①自然带的形成原因。

（2）在甲山峰高寒荒漠带平坦的山坡处，常出现由大小不一的碎石组成的高山流石滩，请运用外力作用的原理推测流石滩的形成过程。

（3）转场游牧的过程历经艰辛，要面临许多"挑战"，请根据材料说明转场面临的主要困难。

参考答案

【练习1】

（1）高寒地段强烈的紫外线和极大的昼夜温差所产生的寒冻劈碎、热胀冷缩的风化作用导致大块的岩石不断崩裂，形成了大大小小的石块（此处写冰劈、冻融、风化作用也可以）；这些岩块与碎石在重力和下部潜流的作用下，沿着山坡缓慢滑动，形成流石滩。

（2）气温低（多霜冻），生长期短；太阳辐射强；昼夜温差大；多大风。

（3）独特的高寒气候，生长环境恶劣，食植动物少；环境恶劣，其他竞争植物少。

（4）全球气候变暖，生长环境发生变化；药农过度采挖；登高山的游客增多，对生存环境的破坏加剧；没有进行有效保护。

【练习2】

（1）甲山峰山麓地带位于温带大陆内部（远离海洋），再加上高大山地的阻挡，降水稀少（气候干旱），植被稀疏，形成荒漠。

（2）地表岩石受到强烈温差变化（或冻融）的风化作用，发生崩解和破碎；受到冰川和流水等外力侵蚀后，并被（冰川、流水、重力等）搬运到地势比较平坦的山坡处堆积下来。

（3）距离远（时间赶）；地形复杂，高差大；沿途畜牧生产保障条件差；容易遭受自然灾害（雪灾、冻害、旱灾、风灾等）的威胁；导致牧草不足，牲畜掉膘（减重）、疾病甚至死亡，使畜牧业产量下降。

笔记（提取试题其他思维模板）

微专题 85　冻土

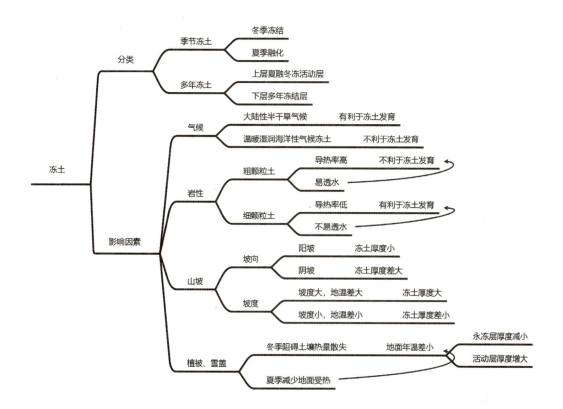

【练习 1】

阅读图文材料，回答下列问题。

中俄石油运输管道漠（河）大（庆）线全长 953 千米，其中北部的 512 千米穿越了多年冻土区。多年冻土区分为活动层和多年冻层上下两层。地理学者研究发现多年冻土区的融沉、冻胀丘、冰锥等对管道的安全性构成了潜在的威胁。冻胀丘是指多年冻土区由土和地下水受冻胀作用形成的丘状地形，按其存在时间可划分为季节性冻胀丘和多年生冻胀丘。季节性冻胀丘每年冬季发生，夏季消失。

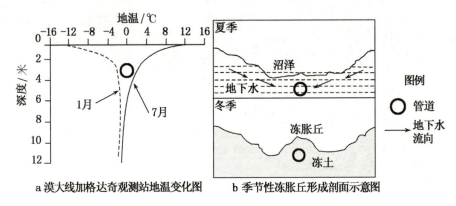

a 漠大线加格达奇观测站地温变化图　　b 季节性冻胀丘形成剖面示意图

（1）指出加格达奇多年冻土活动层和多年冻层的分界深度，并分别说明其季节特征。

（2）简述季节性冻胀丘的形成原因。

（3）说明季节性冻胀丘对管道的危害。

（4）以"治水"为核心，提出防治季节性冻胀丘危害管道的措施。

【练习2】

阅读图文材料，回答下列问题。

勒拿河三角洲位于俄罗斯境内，冻土广布且冻土层深厚，目前三角洲的一部分已被用作保护用地，成为勒拿河三角洲野生生物保护区。勒拿河三角洲保护区是俄罗斯面积最大的野生动物保护区，是许多西伯利亚野生动物重要的避难所和生息地。俄罗斯古生物学家曾在勒拿河下游及其附近地区发掘出土多具保存完好的猛犸象尸骸。猛犸象是一种适应寒冷气候的动物，它生活在冰川世纪，曾经是地球上最大的象，其中草原猛犸象的体重可达 12 吨。有研究认为，猛犸象灭绝的原因是气候变暖。

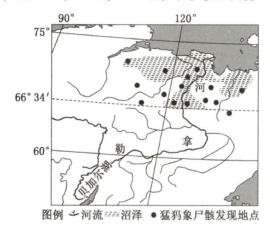

图例　⌒河流　沼泽　●猛犸象尸骸发现地点

（1）简析勒拿河三角洲冻土层深厚的原因。

（2）简述勒拿河三角洲成为西伯利亚野生动物重要的避难所和生息地的原因。

（3）分析勒拿河三角洲猛犸象尸骸保存完好的条件。

（4）试说明全球气候变化造成猛犸象灭绝的原因。

【练习1】

（1）6米。多年冻土活动层冻土夏季融化，冬季冻结；6米以下的多年冻土层全年地温小于0℃，全年处于冻结状态。

（2）该地地势低洼，夏季有沼泽分布，有稳定的地下水补给，土壤含水量大；冬季过湿土壤冻结，体积膨胀上升形成冻胀丘。

（3）夏季冻土融化，管道沉降，冬季土壤冻结的挤压力抬升管道；反复冻融使管道发生弯曲变形。

（4）地表开挖沟渠，排走地表水和地下水；在管道两则的地下建设截水墙等阻水工程，阻止地下水流向管道；在冻胀丘上钻孔，排干丘内水分。

【练习2】

（1）纬度高，受极地冷空气影响大，地温低；地势低，冷空气不易扩散，地温急剧下降，土壤冻结期长；冬季降雪量大，夏季融雪带走大量热量，会降低地温，土壤含水量大，夏季会阻挡外界热量进入永冻层，冬季永冻层的热量易传出地表，使永冻层温度降低。

（2）人口密度低，人类活动影响小，湿地面积广阔，可栖息面积大；沼泽植被丰富，能够提供充足的食物；水资源丰富。

（3）纬度高，气温低，猛犸象尸骸不易腐烂；沼泽广布，淤泥深厚，冻土广而深厚，利于猛犸象尸骸长期保存；人口稀少，人类对地层的干扰活动少，尸骸不易被破坏。

（4）冰期结束，全球气候变暖，猛犸象活动区域缩小，适于猛犸象食用的草场植被减少，食物供应不足。

微专题 86　石河、石海

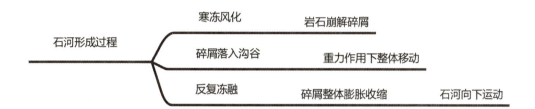

石河形成过程

寒冻风化	岩石崩解碎屑
碎屑落入沟谷	重力作用下整体移动
反复冻融	碎屑整体膨胀收缩　石河向下运动

【练习1】

阅读图文材料，回答下列问题。

石河一般多发育在0℃海拔高度附近，高大山地冻土层发育，其山坡上崩解的巨大块砾顺着湿润的碎屑垫面发生整体运动，大量砾石充填凹槽或沟谷形成石河景观。读"新疆天山地形剖面示意图和天山石河景观图"，回答下列问题。

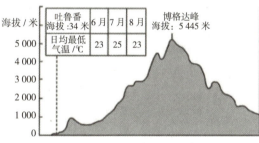

吐鲁番海拔：34米	6月	7月	8月
日均最低气温/℃	23	25	23

（1）天山上的石河最可能分布在（　　）。

A. 500 米以下　　　　　　　　B. 1 500 ～ 2 000 米

C. 2 500 ～ 3 000 米　　　　　D. 3 500 ～ 4 000 米

（2）天山石河景观的形成原因主要是（　　）。

A. 流水堆积　　　　　　　　　B. 冻融侵蚀

C. 冻融堆积　　　　　　　　　D. 流水侵蚀

（3）天山石河景观分布明显的地带主要在（　　）。

A. 北坡沟谷　　　B. 北坡高地　　　C. 南坡沟谷　　　D. 南坡高地

【练习2】

阅读图文材料，回答下列问题。

从秦岭第二高峰鳌山（海拔3 475米）沿山脊徒步至第一高峰太白山（海拔3 767米）的户外徒步线路——鳌太线，以山水形胜而出名。但其积雪多、难度大、危险性高，对户外爱好者提出了挑战，尤其以"石海"一段的路段最难，基本上是在碎石上攀爬。下图示意"石海"景观与秦岭太白山北坡植被分布。据此回答下列问题。

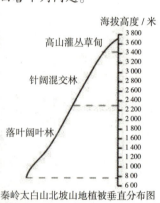

秦岭太白山北坡山地植被垂直分布图

（1）从安全角度考虑，一年中最适合在鳌太线上徒步旅行的时期是（　　）。

A.1、2月　　　　　B.4、5月　　　C.7、8月　　　D.10、11月

（2）推测"石海"出现的位置在（　　）。

A.落叶阔叶林之下

B.落叶阔叶林与针阔混交林之间

C.针阔混交林与高山灌丛草甸之间

D.高山灌丛草甸之上

（3）与"石海"形成过程关系最密切的因素是（　　）。

A.气温的日变化　　　　　　B.气温的季节变化

C.降水的日变化　　　　　　D.降水的季节变化

参考答案

【练习 1】

（1）D。由材料可知，石河多发育在 0 ℃海拔高度附近，也就是雪线附近，吐鲁番的海拔为 34 米，夏季的日最低气温为 23 ～ 25 ℃。根据气温随海拔的递减规律，海拔每上升 1 千米，气温下降 6 ℃，因此气温 0 ℃可以算出该处的海拔为 3 800 米到 4 100 米之间，故天山上的石河最可能分布在 3 500 ～ 4 000 米，D 对，ABC 错。

（2）C。由材料可知，高大的山地冻土层发育，山坡上崩塌的砾石顺着下垫面往地势较低的地方移动，遇到沟谷或者是凹槽沉积下来对其进行填充，这就是石河景观，因此它的形成是冻土层融化物堆积所致，与河流水作用无关。注意是砾石土块进行移动，因此与河流无关。所以，C 正确，ABD 错。

（3）A。由材料可知，高大山地冻土层发育，其山坡上崩解的巨大块砾顺着湿润的碎屑垫面进行移动，天山北坡受大西洋水汽的影响，降水较多，因此相对南坡比较湿润，同时凹槽或沟谷进行沉积。所以，A 正确，BCD 错误。

【练习 2】

（1）C。由材料可知，鳌太线旅游的最大威胁来自积雪，从安全性角度考虑，夏季气温高，积雪较薄，有利于徒步旅行，其他季节积雪厚度大，且山顶气温低，气候寒冷，容易冻伤等，故选 C。

（2）D。石海出现在穿越鳌太线过程中，其海拔高度为 3 475 ～ 3 767 米，对照太白山北坡植被垂直分布图，石海应当位于高山灌丛草甸之上，故选 D。

（3）A。石海存在裂隙，在水分冻结膨胀情况下，岩石破裂成很多小块，或者因温度变化，组成岩石的矿物不均一，热胀冷缩，造成岩石破裂。这就会产生大量大小不等的棱角状岩块及岩屑，在地形平缓的条件下，大多岩屑在原地残留下来，形成碎石覆盖地面，这就是石海。所以，石海的形成与气温的日变化有关，故选 A。

笔记（提取试题其他思维模板）

微专题87 石环

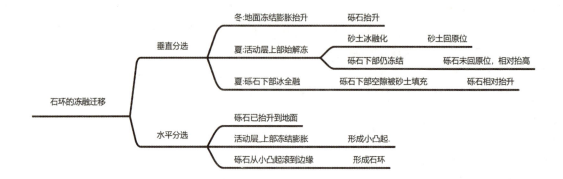

石环的冻融迁移
- 垂直分选
  - 冬:地面冻结膨胀抬升 —— 砾石抬升
  - 夏:活动层上部始解冻
    - 砂土冰融化 —— 砂土回原位
    - 砾石下部仍冻结 —— 砾石未回原位,相对抬高
  - 夏:砾石下部冰全融 —— 砾石下部空隙被砂土填充 —— 砾石相对抬升
- 水平分选
  - 砾石已抬升到地面
  - 活动层上部冻结膨胀 —— 形成小凸起.
  - 砾石从小凸起滚到边缘 —— 形成石环

【练习1】

阅读图文材料,回答下列问题。

石环又叫分选环。天然条件下,地表物质常常是粗细混杂的。由于石块和土的导热性能不同,因此冻结速度也不一样,碎石导热系数大,会先冻结,水分就向碎石附近迁移,并在碎石周围形成冰。水变成冰后体积膨胀,使碎石发生了位移,这样就产生了粗细物质的分异。久而久之,泥土岩屑集中于中间,岩块被排挤到周边,呈多边形或近圆形,好像有人有意将石头摆成一圈,形成所谓的石环。下图示意某地石环,读图回答下列问题。

(1) 石环地貌形成的必要条件有( )。

①地形起伏较大 ②岩石块颗粒大小均匀
③有充足的水分 ④气温在零摄氏度上下波动的持续时间较长

A.①② B.①④ C.②③ D.③④

(2) 下列河流流域中可能发育有石环的是( )。

A.多瑙河 B.尼罗河 C.叶尼塞河 D.亚马孙河

【练习2】

阅读图文材料，回答下列问题。

石环是一种特殊的地表形态，下左图为石环形成过程示意图，右图为某地石环景观图。据此完成问题。

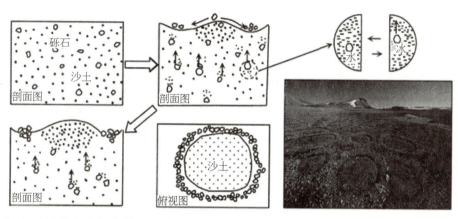

（1）石环形成过程中的主要外力作用是（　　）。

A.冻融作用　　　　B.流水搬运　　　C.冰川沉积　　　　D.风力沉积

（2）砾石上升幅度最大的时段可能是（　　）。

A.冬→春　　　　　B.春→夏　　　　C.夏→秋　　　　D.秋→冬

（3）下列四个地形区中，最可能有石环景观的是（　　）。

A.华北平原　　　　B.四川盆地　　　C.柴达木盆地　　　D.东北平原

参考答案

【练习1】

（1）B。由于材料对冻融作用和石环形成的叙述，可知石环地貌形成的必要条件为地形平坦、砾石和泥土粗细混杂、水分充足、气温在 0 ℃上下波动的持续时间较长等，所以③④正确，故选 B。

（2）C。由于材料对冻融作用和石环形成的叙述，可知石环地貌形成的必要条件为地形平坦、水分充足、气温在 0 ℃上下波动的持续时间较长等，四个选项中满足条件的只有西西伯利亚平原，故选 C。

【练习2】

（1）A。根据材料，可知石环地貌的形成过程：冬季地表冻结时，颗粒之间孔隙水结冰（体积变大）使整个地面上升，发生冻胀作用，砾石被抬高。到了春天解冻时，砾石以外的部分都解冻了，地面又下沉，但是砾石以下的黏土尚未解冻，砾石仍然高出地表；慢慢地，砾石下细土部分也解冻，缩小了体积，留出了空隙，但这空隙很快被周围融化的细土充填，结果砾石再也不能回到原来的位置。这样的过程反复多次，砾石被挤到土层的表面上来，到达地面后进一步做水平分选慢慢就形成环状的地貌。故选 A。

（2）D。由上题可知，这个现象要求有水分条件在寒冷气候条件下，土壤或岩层中冻结的冰在白天融化，晚上冻结，或者夏季融化，冬季冻结，说明要用温度的变化，并且在 0 ℃上下波动。所以，春→夏和夏→秋时段气温较高，不符合题意，B、C 错；秋→冬和冬→春时段相比，秋→冬时段气温在 0 ℃上下波动的持续时间较长，砾石上升幅度最大，A 错，D 对。

（3）C。根据材料，石环地貌形成的原因是冻融作用，四川盆地位于亚热带季风气候，冬季温和，不结冰，故 B 错误。图示显示石环地貌组成应由粗细不等的砾石和土壤组成，华北平原和东北平原为河流冲积平原，土壤物质组成较为均匀，不会形成该地貌，故 AD 错误。柴达木盆地戈壁广布，土层颗粒大小不均匀，且冬季寒冷，能够形成石环地貌，故选 C。

笔记（提取试题其他思维模板）

微专题 88　冰川

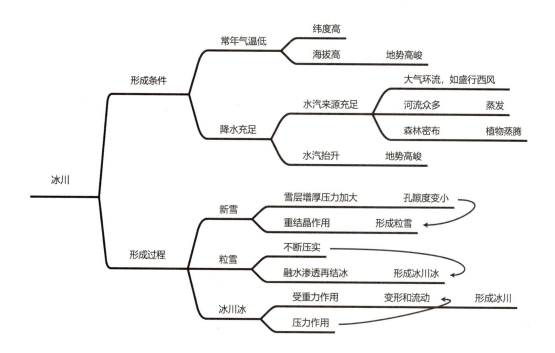

阅读图文材料，回答下列问题。

高海拔地区是气候变化的敏感区域。地处亚欧大陆内部的天山山地冰川广泛发育，上万条面积大小不一的冰川为周边地区的人类活动提供了水资源保障。下图为近 50 年来天山不同海拔及不同面积的冰川的变化统计。

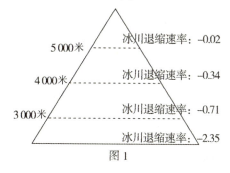

图 1

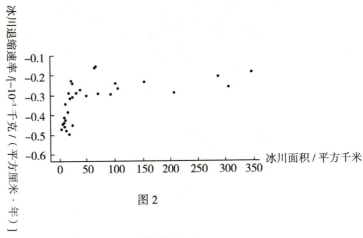

图 2

（1）据图归纳天山冰川变化的总体特征。

（2）简析天山冰川出现退缩的气候背景。

（3）推测天山冰川消融导致原冰川覆盖区域气温的变化趋势并说明原因。

（4）有人认为，天山冰川退缩会增加当地河流的径流量。你是否赞同，并说明理由。

【练习2】

阅读图文材料，回答下列问题。

冰川是多年积雪经过压实、重新结晶，再冻结而成的，其形成先要有一定数量的固态降水。老虎沟流域位于青藏高原东北部的祁连山地区，流域内常年低温，降水丰富，其冰川面积约占流域面积的67.65%，但近年来冰川严重退缩。图1示意老虎沟流域及其冰川分布，图2示意1959年7月和2014年7月该流域的气温变化。

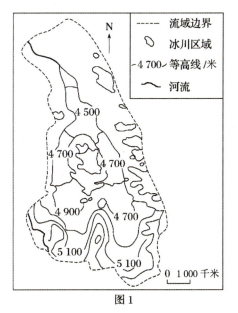

图 1

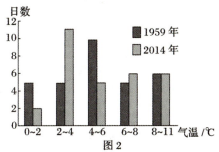

图 2

（1）从气候、地形角度说明该流域冰川面积扩大的原因。

（2）分析该流域 7 月份 2～4 ℃日数的变化对径流量的影响。

（3）说明该流域冰川退缩对当地水资源的影响。

参考答案

【练习 1】

（1）总体呈退缩趋势；冰川的退缩速率随海拔的升高而降低（3 000 米以下最明显）；冰川的退缩速率与冰川面积呈负相关。

（2）在全球气候变暖背景下，天山地区气温上升（蒸发量加大），部分区域的冰川和积雪消融速度加快；部分区域降水形式将由降雪向降雨转变，降雪率减少，导致冰川和积雪的物质来源减少。

（3）气温变化趋势：上升。原因：冰川和积雪消融使原冰雪覆盖区域对太阳短波辐射的反射率降低，从而吸收更多的太阳辐射量，加剧山区的升温速度。（冰川退缩对山区升温过程具有"增强"效应。）

（4）赞同。天山地区河流补给的主要来源是冰川融水，短期来看，消融量加大，径流量加大。

不赞同。天山冰川融化导致冰川储水量减少，长期来看，消融量减少，径流量减少。

【练习 2】

（1）海拔高，常年低温；固态降水丰富，冰雪积累多，利于冰川形成；山谷宽阔，地势较平缓，冰雪面积大且稳定。

（2）2～4 ℃气温的日数明显增多（成倍增长），说明（低温）升温明显，流域冰雪消融量（和降雨量）增加，导致地表和地下径流增大。

（3）短期内河流径流量增大，水资源增加；从长远看，冰川融水减少，河流补给减少，导致径流量减小，水资源匮乏。

笔记（提取试题其他思维模板）

微专题89　冰斗

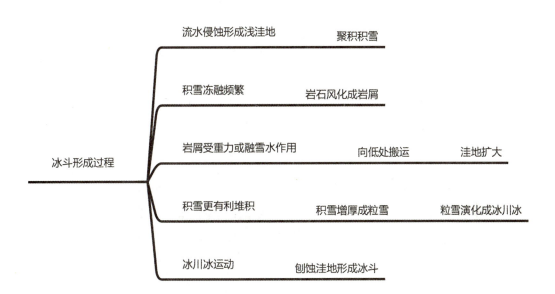

【练习】

阅读图文材料，回答下列问题。

扎当冰川位于念青唐古拉山北坡，冰川朝向NNW，分为东、中、西三支，呈扇形流出山谷，最高海拔为6 090米，末端海拔约为5 515米。20世纪60年代，扎当冰川显现了明显的末端后退和冰川面积减小。左图为扎当冰川冰面海拔高度和冰川分布图，右图为冰川厚度等值线图，读图回答1～3题。

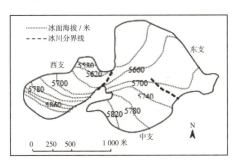
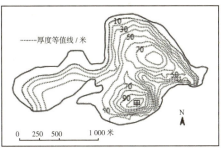

（1）冰川厚度的分布呈现出（　　）。

A.冰面坡度大处，冰层厚度大

B.冰面坡度小处，冰层厚度大

C.东支中部深厚，上下两端较浅

D.中支自末端向上，冰层由薄变厚

（2）图中甲处地貌形态可能为（　　）。

A. 角峰　　　　　　　B. 冰斗　　　　　　　C. U型谷　　　　　　D. 刃脊

（3）冰川对气候变化的响应首先表现在（　　）。

A. 冰川末端的变化　　　　　　B. 冰川面积的变化

C. 冰川厚度的变化　　　　　　D. 冰川长度的变化

参考答案

【练习】

（1）C。由图2判断：东坡中部厚度等值线密集，冰川厚度较厚；上下两端厚度等值线稀疏，冰川厚度较小。

（2）B。冰斗是一种三面环以峭壁、呈半圆形剧场形状或圆椅状的洼地。雪线附近山坡下凹部分多年积雪斑边缘的岩石因冻融作用频繁而崩坍为岩屑，并在重力作用与融雪径流共同作用下搬运到低处，使积雪斑后缘、雪斑下的地面逐渐蚀低成为洼地，即雪蚀洼地。积雪演化为冰川冰后，冰川对底床的刨蚀作用使洼地加深，并在前方造成坡向相反的岩槛，同时后缘陡壁受冰川刨蚀作用而后退变高，从而形成冰斗。

（3）C。全球气候变暖首先使冰川厚度由厚变薄，冰川融水增多。

笔记（提取试题其他思维模板）

微专题 90　冰川湖

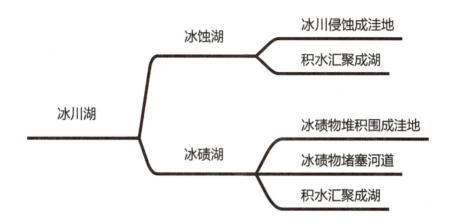

【练习 1】

阅读图文材料，回答下列问题。

日内瓦湖是形成于第四纪冰期的冰碛湖。在瑞士日内瓦的附近，罗讷河与阿尔沃河交汇，两河交汇形成非常明显的界线，在夏季形成"泾渭分明"的奇特景观。

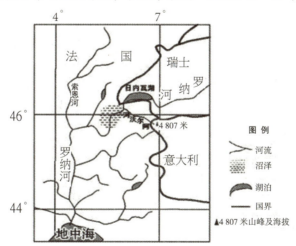

（1）简要说明日内瓦湖的形成过程。

（2）指出两河交汇处形成"泾渭分明"的奇特景观出现的季节，并简述其形成原因。

（3）有人说"罗讷河促成了日内瓦湖"，但是也有人说"罗讷河却又在不断消灭它"，请结合图用所学地理原理解释"罗讷河却又在不断消灭它"这句话的含义。

【练习2】

阅读图文材料，回答下列问题。

冰碛湖指冰川消退时，冰川携带物质形成的凹地或阻塞河床、冰川谷积水而成的湖泊。

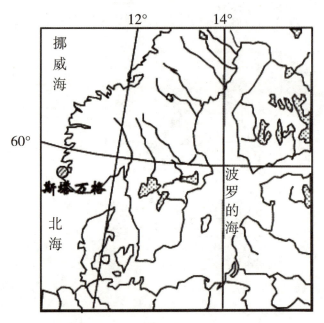

北欧冰川湖泊众多，简述图示冰碛湖的形成过程。

参考答案

【练习1】

（1）第四纪冰川时期，大量的冰碛物在日内瓦湖附近堆积，形成相对封闭的低洼地，罗讷河流经此处积水成湖。

（2）夏季。原因：罗纳河上游河流搬运来的泥沙在日内瓦湖中沉积，河流出湖时泥沙含量大大减少，河水清澈；阿尔沃河源自阿尔卑斯山区，夏季冰雪融化量大，径流量大，加上地势落差大，水流湍急，冲刷强烈，导致该河的含沙量大，河水浑浊。

（3）罗讷河上游穿行于阿尔卑斯山区，落差大，水流急，侵蚀作用强，携带大量泥沙，汇入日内瓦湖时流速减慢，泥沙大量沉积到湖底。

【练习2】

冰川对所经过地区进行侵蚀，携带碎石和泥沙，堆积堵塞河道，积水形成冰碛湖。

笔记（提取试题其他思维模板）

微专题 91　峡湾

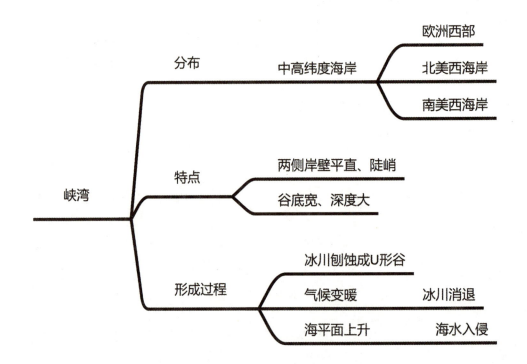

阅读图文材料，回答下列问题。

格陵兰岛位于北美洲东北部的北冰洋和大西洋之间，是世界上最大的岛屿，因此被称为格陵兰次大陆。格陵兰岛是一个由高耸且与东西两岸平行的山脉、庞大的蓝绿色冰山、壮丽的峡湾和贫瘠裸露的岩石组成的岛。格陵兰全岛的2/3在北极圈以北，气候寒冷，仅西南部无永冻层。该岛最显著的地貌特征是广大厚实的冰原。光秃的冰原上风雪肆虐，层层积雪挤压成冰，冰川不断向外缘移动，导致海岸线破碎，长而深的峡湾深入格陵兰东西两岸腹地，形成复杂的海湾系统。近年来受全球气候变暖的影响，格陵兰冰川融化速度惊人。下图示意格陵兰岛地理位置。

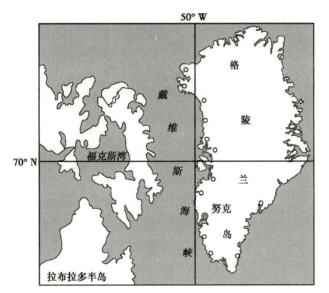

（1）简述格陵兰岛峡湾的成因。

（2）说明格陵兰岛冰川融化对当地气候产生的影响。

【练习 2】

阅读图文材料，回答下列问题。

爱尔兰岛上河网密布，多湖沼。中部平原面积广阔，边缘为山地。岛上植被茂盛，有"绿宝石岛"之称。

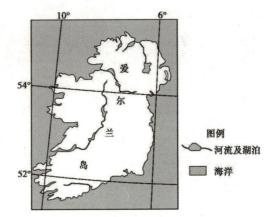

（1）分析气候对岛上河流水文特征的影响。

（2）分析爱尔兰岛中部平原地区多湖沼的原因。

（3）与岛屿东南部相比，西南部的海岸线曲折，多海湾。说明原因。

参考答案

【练习1】

（1）纬度高，冰川分布广；冰期气候寒冷，冰川运动活跃，刨蚀地面，形成大量的"U"型谷地；气候变暖，冰川融化，海平面上升，海水淹没"U"型谷地，形成峡湾。

（2）格陵兰岛的冰川融化后，海洋冰山增多，冰山对太阳辐射的反射增强，海水温度降低；冰川融化后，岛屿地表裸露，地表吸收的太阳辐射增多，把热量传输给大气，气温升高，气候变暖，进一步使岛屿冰川消融；海水温度降低，蒸发量减少，降水减少，难以形成新的冰雪，岛屿冰川面积进一步减小；岛屿、大气、海洋之间形成能量转换，发生放大效应，加剧当地气候变暖。

【练习 2】

（1）温带海洋性气候年降水量较大，河流的径流量较大；降水季节变化和年际变化小，河流水位季节变化和年际变化小；冬季气温高于 0℃，河流无结冰期；气候温和湿润，植被覆盖率高，河流含沙量小。

（2）爱尔兰岛气候湿润，降水充沛，河流来水量大；纬度较高，气温较低，蒸发作用弱；中部平原地势低平，排水不畅；地下水位高，地表水不易下渗；岛上植被茂盛，涵养水源的作用强。

（3）岛屿西南部受盛行西风影响强，海边风大浪高，海水侵蚀强烈，形成海湾；西南部地势较高，地质历史时期冰川运动过程中的侵蚀作用形成谷地，后来冰川融化，海水淹没形成海湾。

笔记（提取试题其他思维模板）

微专题 92　海岸线

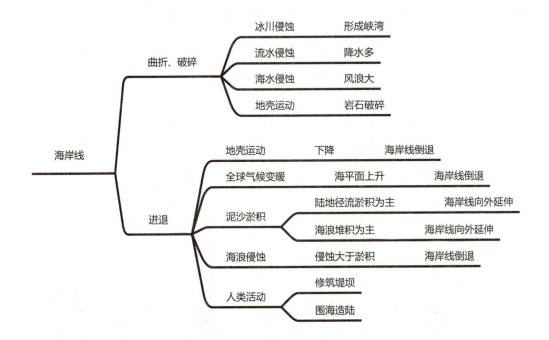

【练习1】

阅读图文材料，回答下列问题。

材料一：图1为世界某区域略图，图2是图1中丙地的气候资料。

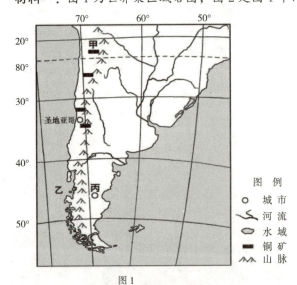

图1

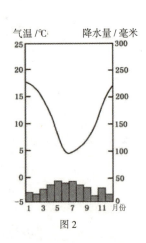

图2

材料二： 甲地是全世界最大的露天铜矿，该矿易采易选，冶炼钢需要大量的水。甲地经百年开采，形成了长 4300 米、宽 3000 米、深 700 米的巨型深坑，横亘在沙漠中，如同地球上一块巨型伤疤。现甲地所在国重视环境保护监管，建立了有效的环境影响评价体系。

（1）简析甲地铜矿开采和冶炼引发的主要环境问题。

（2）试从内、外力作用角度，说明乙地海岸线破碎的原因。

（3）丙地东临大西洋，气候却干燥少雨，说明其成因。

【练习 2】

岸线纵深度指海岸在自然或人为因素的影响下，向海推进或向陆后退的水平距离。一般将海推进的岸线总深度数值记为正，将向陆后退的岸线纵深度数值记为负，读中国沿海省市（区）岸线纵深度变化示意图（台湾资料暂缺），完成下列各题。

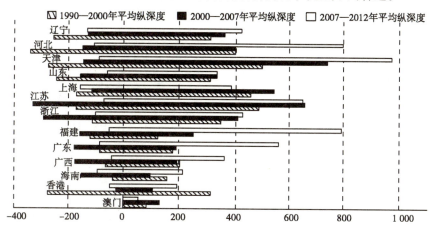

（1）据图推测（　　）。

A．澳门位于海湾内，岸线纵深度受人为因素影响大

B．1990—2000 年南方省份岸线向陆后退距离比北方大

C．2000—2007 年海南省岸线总体上向海推进

D．2007—2012 年黄河入海泥沙大量增加，使山东省岸线纵深度为负

（2）2007—2012 年天津市岸线纵深度变化的主要原因最可能是（　　）。

A．海河泥沙大量淤积　　　　　　　　　　B．全球海平面上升

C．天津市滨海新区和临海工业区的开发　　D．潮汐等引起的海浪侵蚀

（3）天津市岸线纵深度总体变化趋势可能产生的影响是（　　）。

①土地面积增加，便于组织工业生产

②海洋生态环境明显得到改善

③淹没沿海低地，加剧人地关系紧张

④海水入侵减弱，减轻沿海地区土壤盐碱化

A. ①②　　　　　　B. ③④　　　　　　C. ②③　　　　　　D. ①④

参考答案

【练习1】

（1）用水量大，加剧了干旱区水资源短缺；排放废水，造成水环境污染；排放废气，严重污染空气；矿渣不合理处理，破坏地表生态环境。

（2）内力作用：位于板块交界处，岩石破碎；外力作用：纬度高，曾受较强冰川作用；西风迎风坡，风大浪急，海水侵蚀作用强；多地形雨，流水侵蚀作用强。在内、外力共同作用下，海岸线破碎。

（3）地处西风带，西侧的安第斯山脉阻挡了来自太平洋的丰富水汽；部分越过安第斯山脉的气流沿背风坡下沉，气温升高，难以形成降水。

【练习2】

（1）A。从图中看澳门岸线纵深度一直是正值，说明海岸线一直向海洋推进，岸线纵深度受人为因素影响大，A正确；1990—2000年南方省份岸线向海洋推进距离比北方大；2000—2007年海南省岸线总体上向陆后退；2007—2012年黄河入海泥沙大量增加，使岸线向海推进，岸线纵深度应为正值。故选A。

（2）C。从图中看2007—2012年天津市岸线纵深度向海推进，原因可能是滨海新区和临海工业区的开发，C正确；海河泥沙大量淤积、全球海平面上升、潮汐等引起的海浪侵蚀会使岸线向陆后退。故选C。

（3）D。天津市岸线纵深度总体变化趋势为正值，岸线向海推进，可能产生的影响是土地面积增加，便于组织工业生产，海水入侵减弱，减轻沿海地区土壤盐碱化，①④正确；岸线向海推进会破坏海洋生态环境，岸线向海推进不会淹没沿海低地。故选D。

微专题 93　潟湖

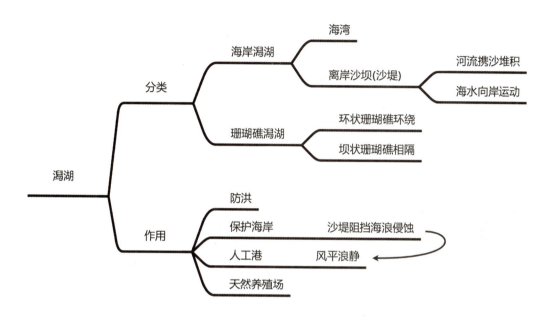

【练习】

阅读图文材料,回答下列问题。

帕图斯湖为一个潟湖,与大西洋仅隔一北宽南窄的沙坝,湖泊南端有宽约 1.6 千米的水道,连通大西洋。湖水最大深度仅 5 米,辟有人工航道,7 000 吨的海轮可直抵湖北岸的阿雷格里港,该港为巴西南部重要港口,有铁路、公路通往周围各大城市。注入帕图斯湖的雅库伊河为巴西货运量最大水系之一,流域内和湖区西岸为发达的农牧区,盛产谷物、烟草、葡萄、牲畜、羊毛、木材等。

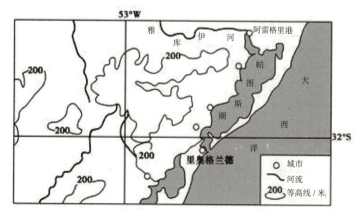

（1）海岸潟湖是陆上河流与海水共同作用的产物，分析狭长帕图斯湖的形成过程。

（2）简述帕图斯湖发展航运的最大限制条件和解决措施。

（3）阿雷格里港是巴西重要的农牧产品输出港，分析其形成原因。

（4）有人认为，该地区的农牧产品输出港应该选择在里奥格兰德。你是否赞同，并说明理由。

参考答案

【练习】

（1）陆上河流给沿海地区带来丰富的泥沙，波浪向岸边运动时，泥沙平行于海岸堆积，并且受由北向南流动的洋流（巴西暖流）影响，形成高出海水面的长形离岸沙坝，坝体将海水分割，内侧便形成半封闭的狭长状况的湖泊。

（2）泥沙淤积，水位不深。解决措施：湖区西岸避免过度垦殖，保护植被，减少水土流失；河流上游修建水库，拦蓄泥沙，减少入湖泥沙；定期清除湖底淤泥，疏通航道。

（3）周边区域是发达的农牧区，农牧产品丰富，商品率高，出口量大；农产品多采用廉价的水路运输；阿雷格里港是水、陆交通枢纽，成为农牧产品集散地；帕图斯湖有水道与大西洋相连，海运便利，便于农产品输出。

（4）赞成。里奥格兰德靠近大西洋，海运更便利；不在河流入海口，无河流泥沙淤积，港口水位深。

不赞成。里奥格兰德距离农牧业生产区较远，增加运输成本；与内陆地区交通不便，不利于海陆联运。

微专题 94　红树林

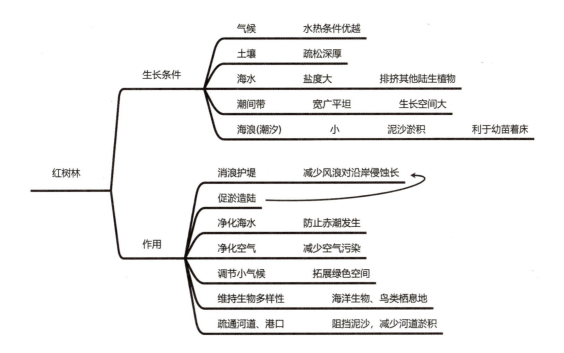

【练习1】

阅读图文材料，回答下列问题。

红树林生长在热带、亚热带海岸潮间带或河流入海口，有"海底森林""海岸卫士"的美誉，生态价值巨大。淤泥沉积的海岸和海湾，或河流出口处的冲积盐土或含盐沙壤土，适于红树林生长。红树林植物往往从枝干上长出众多树根，盘根错节，扎入泥滩里。甲图所示区域沿海有大面积的红树林分布，近年来破坏严重。乙图为红树林根系图片。

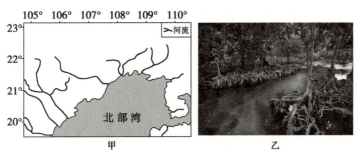

甲　　　　　　　　　乙

（1）分析该地沿海适宜红树林生长的自然条件。

（2）分析红树林根系形态形成的原因。

（3）简述红树林巨大的生态价值。

（4）简述当地为保护红树林可以采取的措施。

【练习2】

阅读图文材料，回答下列问题。

美国佛罗里达半岛南部地势低洼，由于生态环境条件不同，分布着不同类型的沼泽（见下图）。每年6—10月，奥基乔比湖水溢出，并通过克拉莎草沼泽缓慢注入海洋。18世纪前，克拉莎草沼泽的先民仅在出露水面的小块高地上耕作。甘蔗生长需年积温5 500 ~ 8 500 ℃，需水量大却怕涝。20世纪初，奥基乔比湖以南地区种植着4 000公顷的甘蔗，收获期为每年11月到次年4月。为了种植甘蔗，当地抽取沼泽水，并切断湖水与沼泽地的联系。此后，克拉莎草沼泽环境发生明显变化，导致红树林适生范围向陆地方向扩张。1996年，美国国会通过法案限制克拉莎草沼泽地区的甘蔗种植。

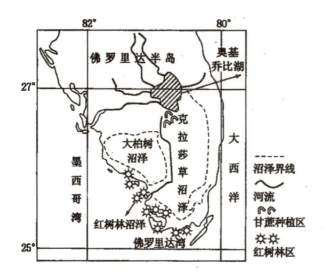

（1）说明 18 世纪前克拉莎草沼泽地区种植业只分布于小块高地的原因。

（2）分析与湖泊以北地区相比，奥基乔比湖以南地区种植甘蔗的有利自然条件。

（3）分析甘蔗种植后，克拉莎草沼泽水量和水质的变化特点及原因。

（4）分析克拉莎草沼泽水量变化导致红树林适宜生长范围扩张的原因。

参考答案

【练习1】

（1）该地位于热带季风气候区，水热条件优越；多海湾和河口，形成了深厚的含盐土壤，适宜红树林生长。

（2）土壤疏松深厚，适宜根系生长；发达的根系是红树林对海滩淤泥环境的有效适应，这种根系可减小大风危害，抵御海浪侵袭，成为增强植物体支持力量的辅助，同时，当被淹没在水中呼吸困难时，发达根系可以帮助植物体进行气体交换。

（3）调节局部气候；减缓水流，增加泥沙淤积，巩固堤岸；抵御海浪侵蚀，保护海岸；净化空气和海水；维持生物多样性。

（4）建立红树林自然保护区；加强管理，禁止砍伐、占用红树林地；加强科研，探索红树林栽培技术；加强宣传教育，提高人们的保护意识。

【练习2】

（1）地势较高，雨季不易被淹没；人口稀少，农产品需求量小。

（2）纬度较低，光热较充足；受奥基乔比湖调节，冬季不易遭受冷害；以草本沼泽为主，土壤较肥沃。

（3）水量减少，水质变差。沼泽补给水源减少，甘蔗生长过程耗水量大，导致水量减少，水体自净能力下降；农药与化肥的施用，造成水体污染。

（4）水量减少，导致沼泽南部地下水位下降，海水入侵，水体和土壤含盐量升高，红树林适生范围向陆地延伸。

笔记（提取试题其他思维模板）

微专题 95　珊瑚礁

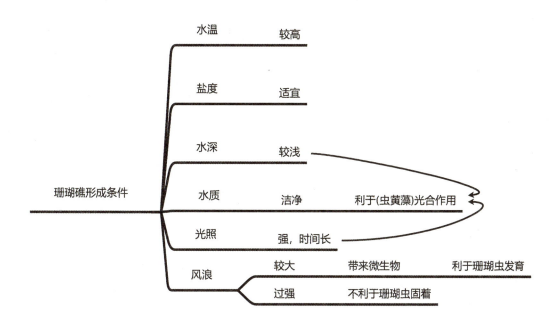

【练习 1】

阅读图文材料，回答下列问题。

珊瑚礁是珊瑚在岛礁沿岸生长，珊瑚遗体内的钙物质长期积累沉积的结果。珊瑚生长的最佳水温为 23 ~ 27 ℃，最佳水深约为 20 米，一般迎风浪一侧礁发育较好。珊瑚礁为许多海洋动植物提供了生活环境。澳大利亚大堡礁是世界上最大、最长的珊瑚礁群，也是世界七大自然景观之一，享有"透明清澈的海中野生王国"的美誉。它纵贯澳大利亚东海岸，落潮时，部分珊瑚礁露出水面形成珊瑚岛，景色非常迷人。2019 年 2 月，因为澳大利亚北部遭遇洪灾，洪水流入大堡礁，洪水沉淀物附着在大堡礁上，降低了海水质量，也遮蔽了珊瑚礁所需的阳光，且连续几天降雨后又出现无风天气，混浊水质一时难以散去，重灾区的珊瑚礁受到"窒息"而死的威胁。近些年来，澳大利亚东海岸珊瑚礁出现大面积死亡现象。

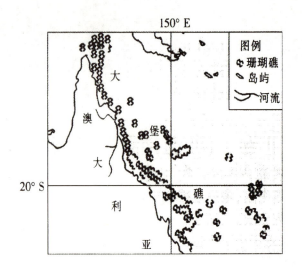

（1）指出澳大利亚东北海岸适宜珊瑚生长的自然条件。

（2）说明澳大利亚东海岸大堡礁形成的过程。

（3）分析澳大利亚东海岸珊瑚近些年来大面积死亡的主要原因。

（4）简述澳大利亚东海岸珊瑚"窒息"死亡对该海域生态环境产生的不利影响。

【练习2】

阅读图文材料，回答下列问题。

珊瑚礁是由成千上万的珊瑚虫的骨骼在数百年至数千年的生长过程中形成的，珊瑚虫的生长往往受水温、盐度和光照等因素的影响。我国南海的珊瑚礁类型主要为岸礁（紧密连着大陆或岛屿的珊瑚礁）和环礁（海洋中呈环状分布的珊瑚礁，中间有封闭或半封闭的潟湖或礁湖），但在海南岛的河流入海口处缺失岸礁类型。

位于我国南沙群岛北部的渚碧礁，中部潟湖（水深20米左右）全被边缘礁坪围封，形成一个典型的封闭型环礁。当大潮低潮时，礁坪基本露出，潟湖水体与外海水不能交换，高潮时外海海水才能漫入潟湖，潟湖、礁坪栖息着不同的鱼类与珊瑚。我国现今已在渚碧礁造岛面积达4.3平方千米，并在岛上建有机场、灯塔等设施。下图示意为渚碧礁浮游动物总丰度（单位：个/立方米）的空间分布。

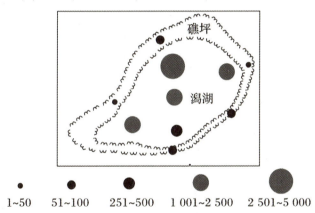

（1）推测海南岛河流入海口处缺失岸礁的主要原因。

（2）分析礁坪浮游动物丰度小的主要原因。

（3）分析潟湖比礁坪渔业资源丰富的原因。

参考答案

【练习1】

（1）水温较高；水域较浅；水质洁净；风浪较大。

（2）由于地壳运动，在大陆沿岸形成了环绕海岸的岛礁；珊瑚在岛礁沿岸生长，死亡后珊瑚遗体的钙物质长期沉积；沿岸岛礁下沉或海平面上升，珊瑚继续生长，遗体不断堆积，形成堡礁群。

（3）东部沿海城市生产生活污水排放量增大，导致海水水质变差；人类大规模使用化石燃料，排放大量的温室气体，导致全球气候变暖，影响珊瑚的生长环境。

（4）海洋动植物的繁殖地遭受破坏，海洋生物多样性减少；珊瑚礁阻挡海浪和海风的功能减弱，海岸线侵蚀加剧；渔业和旅游业遭受重创。

【练习2】

（1）大量河流淡水注入，海水盐度低，不适宜珊瑚生长；入海泥沙多，海水透明度低，光照条件差。

（2）礁坪与外海相连，水体交换非常快，生存环境不稳定；水浅，受太阳辐射影响大，昼夜温差大，不利于浮游动物存活；多珊瑚虫和礁栖动物，对浮游动物的摄食较多，导致其数量减少。

（3）浮游动物数量多，多饵料；水深，面积大，栖息空间大；被礁坪围封，受外海影响小，生存环境稳定。

微专题 96　石化森林

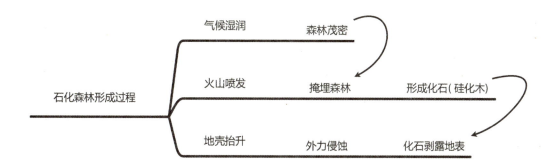

【练习】

阅读图文材料，完成下列问题。

某科考队于 11 月考察南美洲巴塔哥尼亚地区，发现该地距海洋近但很少受到海洋水汽的"滋润"，草原、沙漠广布，但多外流河；沙漠中分布有保存完好的大片石化森林。下图是巴塔哥尼亚地区略图及石化森林形成的一般过程。

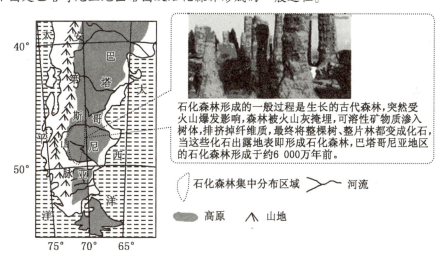

石化森林形成的一般过程是生长的古代森林，突然受火山爆发影响，森林被火山灰掩埋，可溶性矿物质渗入树体，排挤掉纤维质，最终将整棵树、整片林都变成化石，当这些化石出露地表即形成石化森林，巴塔哥尼亚地区的石化森林形成于约 6 000 万年前。

（1）分析巴塔哥尼亚高原很少受到东西两侧大洋水汽"滋润"的原因。

（2）分析干旱的巴塔哥尼亚地区多外流河且流程中流量损耗相对较少的自然原因。

（3）说明巴塔哥尼亚地区出现大规模"石化森林"的原因。

（4）指出考察期间（11月）特维尔切人游牧迁徙的方向，分析迁徙目的地该季节适宜放牧的有利条件。

参考答案

【练习】

（1）巴塔哥尼亚地处西风带，西部高大（的安第斯）山脉阻挡了太平洋水汽进入；巴塔哥尼亚高原海拔较高，且西风使大西洋水汽向东输送，大西洋水汽也难以进入。

（2）河流多发源于高大的安第斯山脉，冰雪融水补给较多，河流流量较大；地势西高东低，河流落差较大，流速较快；陆地（东西方向）狭窄，河流较短，河流流程中蒸发、下渗损失较小。

（3）安第斯山脉还未隆起之前，巴塔哥尼亚地区受西风影响，降水丰富，森林茂密；板块运动（碰撞挤压）使安第斯山脉隆起抬升，大量的火山喷发导致大片森林被火山灰埋没，经过漫长的地质作用森林演变成化石；外力（侵蚀、搬运）作用使埋藏在地下的石化森林出露地表。

（4）由大西洋沿岸迁徙到安第斯山地（草场）。当地11月份以后进入夏季，安第斯山冰雪融水增多，牧草丰富；山地牧场海拔高，气候凉爽；蚊虫少，可减少蚊虫叮咬。

笔记（提取试题其他思维模板）

微专题 97　岛屿

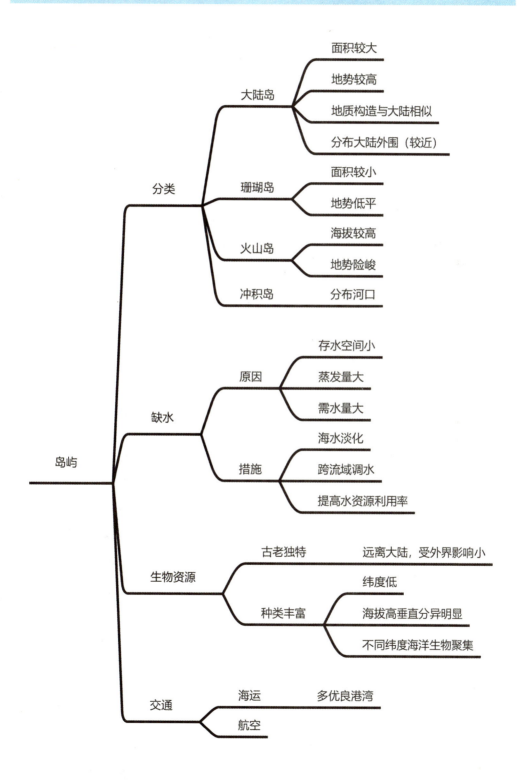

【练习1】

阅读图文材料，回答下列问题。

加拉帕戈斯群岛隶属厄瓜多尔，位于东太平洋三大洋流（秘鲁寒流、南赤道暖流和赤道逆流）的交汇处，由15个大岛、42个小岛和26个岩礁组成。该群岛距离南美大陆约1 000千米，由海底抬升的熔岩堆积物形成。由于加拉帕戈斯群岛远离南美大陆，这里的动物以自己固有的特色进化，被称为"活的生物进化博物馆"和"海洋生物的大熔炉"。虽然该群岛距离赤道近，但并非终年高温多雨，只有一些仙人掌和灌木丛分布在其沿海地区。下图示意加拉帕戈斯群岛地理位置。

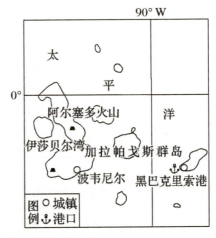

（1）说明加拉帕戈斯群岛的形成过程。

（2）分析加拉帕戈斯群岛和附近海域被称为"活的生物进化博物馆"和"海洋生物的大熔炉"的原因。

（3）简述加拉帕戈斯群岛干旱、凉爽的气候特征形成的主要原因。

（4）若在该群岛拟建一处新港口，说明需要考虑的自然因素。

【练习2】

阅读图文材料，回答下列问题。

圣米格尔岛（见下图）距离葡萄牙本土约 1 500 千米，为孤悬于大西洋的亚速尔群岛中最大的岛屿。新航路开辟后，该岛成为大西洋航线上过往帆船（以风为动力）的重要物资补给站。此后的 300 年间，各地船只停靠在大里贝拉附近的海港，岛上熙熙攘攘的集市里食品堆积如山。19 世纪后期，大型蒸汽机船出现，该岛一度衰落。20 世纪以来，该岛逐渐发展成为夏季的疗养、旅游胜地。

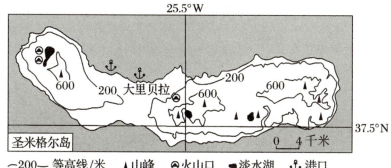

（1）分析新航路开辟后，圣米格尔岛成为大西洋航线上的重要物资补给站的原因。

（2）说明过往该岛的帆船大多选择大里贝拉附近海港停靠的原因。

（3）分析大型蒸汽机船的出现导致圣米格尔岛衰落的原因。

参考答案

【练习1】

（1）位于板块生长边界，岩浆沿张裂带喷出，冷却凝固后逐渐堆高；海底火山在喷发中不断向上生长，最终露出海面形成火山岛。

（2）岛屿孤立于海洋之上，自然环境独特单一；远离南美大陆，受其他生物干扰较少；位于赤道附近，热带海洋生物种类多；生活在高纬度海域的海洋生物顺洋流到达该海域附近，使不同生活习性的海洋生物在该海域附近聚集。

（3）岛屿面积小，对水汽的抬升作用小；有寒流流经，起到降温减湿的作用。

（4）多火山地震活动，地质条件不稳定；气候干旱，且岛屿面积小，淡水补给不足；海洋生物聚集海域，对周边海域海水水质进行保护。

【练习2】

（1）大西洋航线距离较长，而帆船载重量小，速度慢，中途需物资补给；该岛为航线上为数不多的陆地之一；岛屿面积较大，淡水资源丰富，且水热条件优越，土壤肥沃，适合谷物、水果种植，物产丰富。

（2）沿海海岸线曲折，多优良港湾；位于盛行西风的背风地带，便于船只停靠；地形平坦开阔，便于货物装卸。

（3）大型蒸汽机船载重量大，速度快，停靠该岛的船只减少，导致该岛商贸业衰落；该岛面积狭小且远离大陆，工业落后。

笔记（提取试题其他思维模板）

微专题 98　生态浮岛

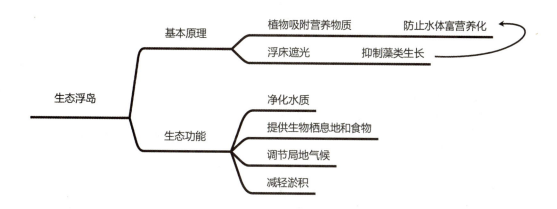

【练习1】

阅读图文材料，回答下列问题。

氮、磷等无机营养物质大量排入水体，会造成水体富营养化，严重时可引发蓝藻爆发，使水域生态遭到破坏。目前，生态浮床技术已在世界范围内成为一项重要的水质修复技术，并已成功地应用在许多湖泊、河流的生态修复和整治工程中。生态浮床是将植物种在浮于水面的床体上进行水质修复的技术。下图示意生态浮床构造。

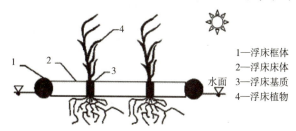

简述生态浮床技术进行水质修复的基本原理并指出浮床还有哪些生态功能。

【练习2】

阅读图文材料，回答下列问题。

近年来"生物浮岛"技术发展迅速，浮岛上可种植水稻、美人蕉、空心菜、芦苇等多种植物。图1是"生物浮岛"景观图，图2示意"生物浮岛"原理。

生物浮岛景观

图1

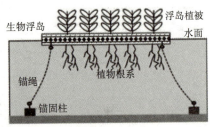

生物浮岛原理图

图2

说明"生物浮岛"在生态环境保护方面的作用。

参考答案

【练习1】

基本原理：植物吸附水中的营养物质，降低水中氮、磷等的含量；浮床遮光，抑制藻类生长繁殖，防止水体富营养化。

生态功能：①提供鸟类及鱼类栖息场所；削减波浪、保护湖岸；具有景观美化（美化环境）的作用。

【练习2】

能吸收水中的营养物质，减轻水体富营养化，净化水质；增加绿地面积，美化环境；吸收二氧化碳、释放氧气；净化空气；增加生物多样性；降低水温，减少水中光照，抑制有害藻类的生长。

微专题99　生态孤岛

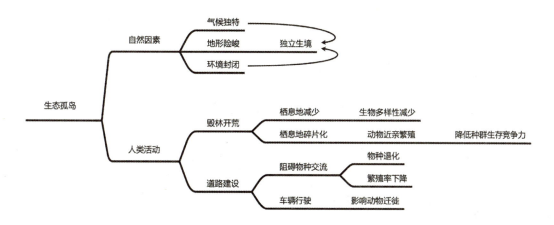

【练习1】

阅读图文材料，回答下列问题。

亚洲象是非常珍稀的濒危物种，我国的亚洲象主要分布于云南省西南部。亚洲象是草食性动物，一天要吃掉约300千克的新鲜饲料，每天会长途跋涉寻找水源、采寻食物，不适应生态环境的剧烈变化。亚洲象最适宜的生存环境是原始森林中的沟谷等开阔地，且寿命较长。近几十年来，为追求经济的迅速发展，亚洲象栖息地不断遭到破坏，变成生态孤岛，同时随着人类生活范围的不断扩大，亚洲象和人类的距离越来越近，甚至重叠，形成人象混居。野象伤人、偷食庄稼、踩踏房屋、攻击牲畜家禽等时有发生，而村民在斗争中只能无力驱赶，并无其他应对之策，少数不堪其扰的村民，在极端情况下则会选择报复杀害而造成亚洲象的死亡，人象矛盾突出。

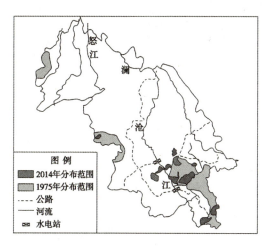

（1）描述云南亚洲象栖息地范围的变化。

（2）分析云南西双版纳原始森林的沟谷成为亚洲象集聚地的主要原因。

（3）说明云南亚洲象栖息地演变成生态孤岛的过程。

（4）请提出保护云南亚洲象的有效措施。

【练习2】

阅读图文材料，回答下列问题。

陕西南部的秦岭地区是我国大熊猫分布的重点区域。该地区曾经是重要的林木采伐区，20世纪70年代开始先后有多家森工企业在该区内进行采伐作业，1998年后全面停止采伐天然林。下图示意1976年、1987年和2000年该地区大熊猫栖息地范围的变化。

（1）描述该地区大熊猫栖息地范围的变化。

（2）分析导致该地区大熊猫栖息地范围变化的人为原因。

（3）说明协调道路建设与野生动物栖息地保护的主要途径。

参考答案

【练习1】

（1）栖息地面积退缩，碎片化严重。

（2）原始森林，植被茂密，为亚洲象提供了充足的食物来源；河谷地带，水源充足，为亚洲象提供了生存空间；人烟稀少，对亚洲象的干扰少。

（3）全球气候变暖，导致森林大面积锐减；毁林开荒，原生植被迅速减少，导致栖息地面积缩小；水电站、高速公路等建设分割、破坏栖息地，导致栖息地破碎化，并阻隔种群交流，形成生态孤岛。

（4）建设亚洲象自然保护区；加强亚洲象自然保护区缓冲区的建设，控制或减少进入自然保护区的人口数量；合理规划，道路选线和工程建设尽量避开亚洲象栖息地；道路选线或工程建设经过（位于）亚洲象栖息地时，建设生态廊道；加强环境教育，提高公民保护濒危动物、生态环境的意识；建立基金，使当地从管理和保护中获益。

【练习2】

（1）20世纪70年代（1976年），栖息地连成一片；到了20世纪80年代后期（1987年），栖息地面积退缩，碎片化严重；20世纪90年代至21世纪初（2000年），栖息地面积有所增加，碎片化趋势减弱，分布范围有向北、向西扩展的趋势。

（2）大规模采伐森林（对植被破坏大），导致栖息地缩小；修建道路（国道、省道以及林区采伐道路），导致栖息地碎片化；人类干扰活动大幅度减少（全面停止采伐天然林、108国道秦岭隧道通车等），植被得到了较快恢复，促进了大熊猫栖息地的恢复与扩展。

（3）合理规划道路，选线尽量避开野生动物栖息地；道路修建在经过野生动物栖息地时，应建设野生动物穿越道路的生态廊道；修建道路时，应尽量减少对周边植被的破坏，修复因道路施工遭破坏的植被。

笔记（提取试题其他思维模板）

微专题100　泥炭

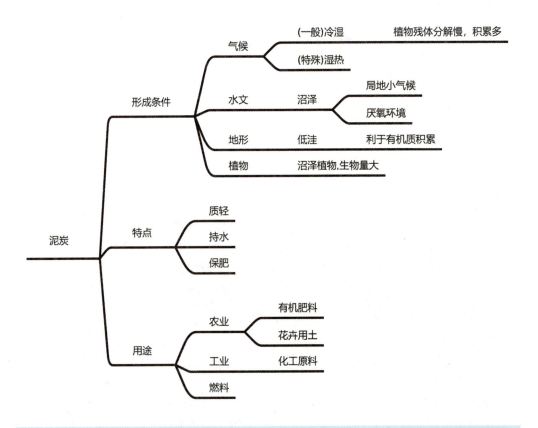

阅读图文材料，回答下列问题。

泥炭又称草炭或泥煤，是一种经过数千年演化形成的富含水分的有机质聚集物。泥炭应用广泛，可为种植业和园艺业的发展提供天然肥料，可作为化工原料的添加剂、能源等。下图所示地区泥炭资源丰富，当地泥炭资源开采历史悠久，并大量出口。

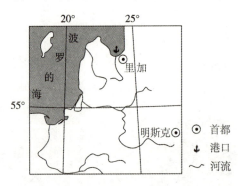

（1）分析图示区域泥炭资源丰富的原因。

（2）简析里加发展泥炭工业的优势区位条件。

（3）简述当地泥炭资源开发带来的影响。

【练习2】

阅读图文材料，回答下列问题。

大九湖国家湿地公园（下图）位于湖北神农架西南边陲，区内有亚高山草甸和多种蕨类沼泽，平均海拔1 730米，气候冬长夏短，年平均降水量约1 500毫米，各月降水均匀。大九湖盆地石灰岩广布，落水洞逐步发育，溪流通过北侧落水洞群流到外部。

大九湖国家湿地公园林地分布于盆地周边的高山上；灌草散布于高山基部；耕地、沼泽等分布于中央盆地。大九湖湿地形成年代久远，中央盆地沉积了深厚的泥炭（泥炭是植物遗体沉入沼泽底部，由于潮湿等无法完全分解，残留的植物遗体多年积累而成的）。因泥炭富含有机质，吸水能力强，吸附性能好，历史上当地农民多采挖泥炭用作种植肥料。

大九湖湿地公园成立前，正面临着湿地加速变浅、变干的处境。湿地公园成立后，为了保护湿地，大九湖区经济从"湿地开垦"逐步过渡到"多元发展"的新格局。

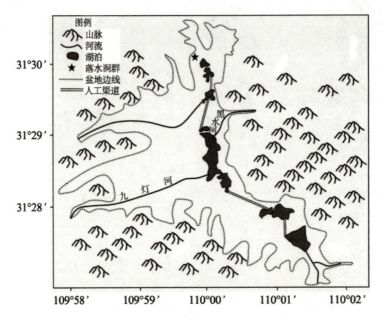

（1）请从气候角度出发分析大九湖盆地泥炭沉积的有利条件。

（2）试推测公园成立前大九湖湿地变浅、变干的原因。

（3）说明当地农民大量采挖泥炭对生态环境造成的不利影响。

（4）指出大九湖地区产业多元发展的方向。

参考答案

【练习1】

（1）受西风带和海洋的影响，降水较为丰富；温带森林与草原分布区，有机质来源丰富；纬度高，气温低，有机质分解缓慢；存在冻土层，气候寒冷，蒸发微弱，地表水不易下渗；地势低平，排水不畅；等等。

（2）泥炭资源丰富；紧靠欧洲发达国家，市场需求量大；拥有港口，交通便利；开采历史悠久，经验丰富；首都基础设施较为完善；等等。

（3）有利影响：增加外汇收入，促进经济发展；带动相关产业的发展，促进就业；推动基础设施建设；等等。

不利影响：泥炭开采可能对地表植被造成破坏，影响生物多样性；过度开采易造成泥炭资源枯竭；造成一定的污染；湿地萎缩，涵养水源，调节气候功能减弱；等等。

【练习2】

（1）（气候温凉多雨，）适宜亚高山草甸和湿地蕨类植物生长，为泥炭形成提供物质保障；（降水量大且均匀，）湖面水位稳定，泥炭出露少，分解少；（冬长夏短，气温较低，）泥炭分解不完全。

（2）湿地（沼泽）植被茂密，植物遗体多年淤积，（使湿地变浅）；径流汇入带来泥沙沉积，（使盆底变浅）；后期落水洞逐渐增多，外泄水量增多，（使湿地变浅、变干）；全球变暖，湿地蒸发增强；人为排水，开垦（发）湿地；农业生产，从湿地引水灌溉。

（3）湿地面积减少；湿地涵养水源能力降低；净化水质能力降低；泥炭出露有机质分解加快，加剧全球气候变暖；生物多样性减少。

（4）适度发展旅游服务业；打造湿地科普教育基地；适当发展特色林果业及林下经济；（依托高山基部草场）适当发展高山畜牧业；（依托现有耕地）发展绿色高山蔬菜生产。

笔记（提取试题其他思维模板）